falter 50

Jean-Claude Lin

Das A und O des Lebens

Vom innerlich werdenden Menschen

Verlag Freies Geistesleben

1. Auflage 2020

Verlag Freies Geistesleben
Landhausstraße 82, 70190 Stuttgart
www.geistesleben.com

ISBN 978-3-7725-2550-6

⊞ auch als eBook erhältlich

Inhalt

Für Nathanael, Sarah, Samuel,
Elias und Jeremias

im Gedenken an
Susanne Katharina Wege Lin
* 19. August 1956
† 19. Juni 2014

die uns so viel gegeben hat
und bedeutet.

Vorwort

Wie findet ein Mensch zu sich? Das mag auf Anhieb eine etwas seltsam anmutende Frage sein. Als ob wir irgendwo anders weilen könnten als in der eigenen Existenz – leiblich, seelisch, geistig. Doch seelisch wie geistig können wir sehr wohl uns irgendwo außerhalb der eigenen unmittelbaren Gegenwart befinden, gerade weil wir uns in dieser Gegenwart des eigenen Leibes und Lebens unserer Zeit nicht beheimatet fühlen.

Zum Glück bilden solche Momente der eigenen Befragung keinen Dauerzustand. Aber ohne sie würden wir etwas Wesentliches aller menschlichen Entwicklung vermissen: zu den Quellen des Schöpferischen im eigenen Selbst zu gelangen. Ich zumindest habe die immer wiederkehrende Befragung meiner Existenz und meines Lebens in der Zeit gebraucht, um auf dieser Erde Fuß zu fassen. Und andere mögen diese Notwendigkeit für sich ebenfalls fühlen oder gefühlt haben.

In den folgenden fünfzig Kapitel dieses fünfzigsten Bands der falter Reihe mit seinen zwei

Ergänzungen erzähle ich von den Erfahrungen und Einsichten, die ich als innerlich werdender Mensch meine gemacht beziehungsweise erhalten zu haben. Sie umspannen eine Zeit von etwas über vierzehn Jahren, von April 2000 bis September 2014, und sind ursprünglich in dem Lebensmagazin *a tempo* erschienen. Leicht überarbeitet scheinen sie mir aber nach wie vor geeignet, Anregung wie Orientierung für andere Suchende und Strebende zu sein.

In ein Exemplar der Liebesgeschichte *Am Meer ist es wärmer* von Hiromi Kawakami schrieb ich als Widmung für meine Frau Susanne zu Epiphanias im Jahr 2011 folgende drei Zeilen:

Zwischen den Jahren
fällt der Schnee von den Bäumen
du kommst wieder heim

Möge ein jeder von uns zu gegebener Zeit heimkommen, zu sich wie auch zu seinen Lieben.

Stuttgart, 7. Januar 2020   *Jean-Claude Lin*

Das A und O des Lebens

Aller Anfang ist schwer, sagt das Sprichwort. Es kennt die Mühsal der Vorbereitung, das Gewicht der Einwände, die Ohnmacht vor fehlenden Mitteln. Aller Anfang ist leicht, sagt dagegen die Erfahrung. Denn das Zu-Ende-Führen ist unvergleichlich schwerer: dabei sein und dabei *bleiben* – das will erst gelernt werden, von den ersten Schritten der Kindheit bis ins letzte hohe Alter.

Woher die Kraft nehmen, wenn die Begeisterung der ersten Tage einer Unternehmung verflogen ist, wenn gegebene Widerstände immer noch nicht weichen oder überwunden geglaubte plötzlich wieder auftauchen?

Es ist eine Charakteristik des bewussten menschlichen Handelns, dass das Ende einer Handlung bereits in ihrem Anfang liegt. Dort liegt es unentfaltet, ist noch nicht offenbar – dazu bedarf die Handlung erst ihrer Verwirklichung. Aber das Ende, das Ziel liegt dort als Kraft, als Keim der Zukunft.

Wie bei der einzelnen Handlung, kommt auch früher oder später im Leben eines Menschen die Frage nach dem Ende, dem Ziel, dem *Sinn* des eigenen Lebens. Besitzt auch mein Leben als Ganzes ein sinnstiftendes Ende und Ziel?

Wie ich zur Verwirklichung der Ziele, die ich mir setze, so unklar und diffus das auch – eben anfänglich – sein mag, dabeibleiben muss, so auch bei der Suche nach dem Sinn des eigenen Lebens. Dann mache ich die Entdeckung, die der deutsche Philosoph Hegel im Nachsinnen über die Gesetzmäßigkeiten des menschlichen Zusammenlebens in folgendes, unübertreffliche Wort geprägt hat: «... der gebildete, innerlich werdende Mensch will, dass er selbst in allem sei, was er tut.»[*] – In allem sein, was ich tue: das ist das A und O des Lebens.

---

[*] So in einem mündlichen Zusatz zu § 107 der *Grundlinien der Philosophie des Rechts* von Georg Wilhelm Friedrich Hegel, Werke in zwanzig bänden, Band 7, Suhrkamp Verlag, Frankfurt am Main 1980.

In Wahrheit ist alles Wunder

Zahlen regieren unsere Welt – große und kleine, teilbare und unteilbare. Unlängst gingen zwei solche durch die Presse: eine große und eine kleine. Das Chromosom 21 – eines der kleinsten von insgesamt 23 Chromosomen, die das gesamte Erbgut des Menschen ausmachen – ist in deutsch-japanischer Zusammenarbeit entschlüsselt worden: 33 546 361 Basen auf dem langen Arm des Chromosoms 21, und auf dem kurzen Arm 281 116; damit sind 99,7 % beziehungsweise 99,995 % aller genetischen Informationen dieses Chromosoms gezählt und identifiziert. Wenn in naher Zukunft alle 23 Chromosomen des Menschen entschlüsselt vorliegen, wird ein «Text» gegeben sein, dessen Anzahl «Buchstaben» schier unvorstellbare astronomische Höhen erreicht.

Wo aber werden wir hinschauen müssen, um die Bedeutung dieser «unzähligen» Buchstaben des menschlichen Genoms lesen zu können?

Was die Wissenschaft durch Fleiß und Präzision zutage fördert, ist wirklich bewundernswert.

Wird die Welt aber dadurch entzaubert? Eine Antwort hat Martin Buber in seinen gesammelten Erzählungen der Chassidim übermittelt:

«Man fragte Rabbi Baruch: Warum wird Gott in der Hymne ‹Schöpfer der Arzneien, Furchtbarer der Preisungen, Herr der Wundertaten› genannt? Kommt es denn den Arzneien zu, neben den Wundertaten und gar vor ihnen zu stehen?

Er antwortete: Gott will nicht als der Herr übernatürlicher Wundertaten gepriesen werden. Darum ist hier durch die Arzneien die Natur eingeführt und vorgestellt. Aber in Wahrheit ist alles Wunder.»

Der Mensch selbst, wie wir ihm täglich begegnen, jede Erscheinung des Lebens auf dieser Welt ist bereits Wunder.

Die Wissenschaft könnte uns dies noch intensiver zum Bewusstsein bringen.

Eure Zeit aber ist allewege

Niemand wird es heutzutage leugnen: eine Fremdsprache zu lernen ist nützlich. Mindestens etwas Englisch sollte man können; noch besser wäre es, gleich zwei Fremdsprachen zu lernen. So macht man manchmal überraschende Entdeckungen: beispielsweise, dass eine Wendung, die Martin Luther gebrauchte, sich im Englischen besser erhalten hat als im Deutschen.

«Meine Zeit ist noch nicht hie, eure Zeit aber ist allewege», antwortet Jesus im siebten Kapitel des Johannes-Evangeliums, als seine Brüder ihn auffordern, zum großen Herbstfest der Juden, zum Laubhüttenfest, nach Jerusalem hinaufzugehen. «Allewege» – *always,* sagt heute noch der Englisch Sprechende, wenn er *immer* meint.

Aber – ist es nicht noch überraschender, dass es dem Menschen gegeben sein sollte, immerzu «zeitig» handeln zu können? Der Sohn Gottes muss seine Zeit abwarten. Für den Menschen ist es immer Zeit.

Wenn wir das Gespräch mit Walter Jens im

Lebensmagazin *a tempo* vom Oktober 2001 nachlesen, können wir auch diesem Rätsel etwas näher kommen. Für den leidenschaftlichen Liebhaber der Sprache Walter Jens' ist die wichtigste Tugend des Menschen, «sich umfassend zu bilden», und das heißt für ihn, «nachzudenken und am Ende eines langen Meditationsprozesses ein eigenes und unabhängiges Urteil zu fällen».

Solange wir aufmerksam sind, können wir unterwegs sein zu einem eigenen, unabhängigen Urteil. Dies ist die Grundvoraussetzung des freien Menschen. Ihm ist gegeben, sie immerzu zu pflegen.

Unsere Zeit ist allewege.

Was man nicht im Kopfe hat

Wir können viel besitzen. Geld, Aktien, Immobilien. Bücher und Bilder, Schmuck und Tand. Viele nützliche Dinge, auch schöne. Ja sogar Macht und Einfluss, Ansehen und Autorität. Manches liegt uns nahe, anderes weiter entfernt. In der «Nähe» scheint uns das Dauerhafte, Beständigere zu liegen. So ist letztlich eine Fähigkeit ein viel sichereres Vermögen als das Geld, das sie bereits erwirtschaftet hat.

Gefragt danach, wie seine Lieder geschrieben werden, antwortete Sven Regener in einem Gespräch für das Lebensmagazin *a tempo* vom Juli 2001: «Was man nicht sowieso im Kopf behält, ist es auch nicht wert.» Tagelang trägt er das zu Schaffende bei sich, in sich, «im Kopfe» herum, bis es als Ganzes geboren werden kann. Es muss in ihm wachsen und reifen. Die Fähigkeit dazu – das empfindet er als das eigentlich Wertvolle: das eigentliche Vermögen.

Wie verschieden sind aber doch unsere Fähigkeiten! Wie unterschiedlich verteilt! Eines ist aber den Menschen noch ursprünglicher und gleichsam unveräußerlich eingeboren: Der Mensch kann sich immer wieder neue Fähigkeiten aneignen. Vielleicht ist dies eine wesentliche Charakteristik desjenigen, worauf wir mit dem Wort «Ich» deuten. Es scheint auch ein zentrales Erlebnis der «gefeierten Generation», wie Bijan Kafi einmal (ebenfalls in *a tempo* vom Juli 2001) die Mitt-Zwanziger genannt hat, zu sein. Der eigentliche Besitz des Menschen ist diese Kraft, sich stets neu entwerfen zu können – fähig zu sein, immerzu Neues anzufangen.

Blicke groß in die Geschichte

«Allegorie in allen ihren Formen verabscheue ich von Herzen, und zwar schon immer, seit ich alt und argwöhnisch genug bin, ihr Vorhandensein zu bemerken. Geschichte, ob wahr oder erfunden, mit ihrer vielfaltigen Anwendbarkeit im Denken und Erleben des Lesers ist mir viel lieber.» So schreibt J. R. R. Tolkien im Vorwort seines «Romans des Jahrhunderts», wie viele englisch sprachige Leser in einer Umfrage den Roman *Der Herr der Ringe* im Rückblick auf das 20. Jahrhundert werteten. Was ist es aber an der Geschichte – «ob wahr oder erfunden»! –, das uns so wichtig sein könnte? Wieso könnten wir geneigt sein, auch der Aufforderung eines vergessenen österreichischen Dichters zu folgen, «groß» in die Geschichte zu blicken? Und doch: Ein Blick in die Geschehnisse unserer Zeit, ob nach Israel, Afghanistan, Genua oder Berlin, kann überall bemerken, dass Geschichte mit unserer Gegenwart unzertrennlich verbunden ist. Wir wissen nur oft nicht, wie wir sie wirklich erfassen und fruchtbar fortentwickeln können. Wir spüren aber wohl: In Geschichte finden wir unser wesenseigenes Verhältnis zur Zeit.

In Tag und Nacht, im Wiederkehren der Jahreszeiten, in allem zyklischen Geschehen der Natur, würden wir zunächst nie zu dem kommen, was die menschliche Komponente der Zeit ist. Zu ihrer Offenbarung braucht die menscheigene Zeit eine Geschichte. In ihr erkenne ich mich selbst – als Mensch, und werde fähig zur Fortsetzung: «Lebe mit Natur und Welt.»

*Fercher von Steinwand, «Johannisfeuer». *Gedichte*, C. Daberkow, Wien 1898

Ein Gottesbild und sein Altar

Komm', erschließe dich dem Lichte,
Tritt aus dem beengten Zelt,
Blicke groß in die Geschichte,
Lebe mit Natur und Welt.

Alle Farben, alle Flammen,
Die das Schöpfungsrund dir weist,
Fasse in ein Bild zusammen
Und vertrau' es deinem Geist.

Sieh, aus deines Geistes Rahmen
Wird es leuchten wunderbar,
Wesen gibst du ihm und Namen
Und dein Herz ist sein Altar.

Nenn' es Freiheit, nenn' es Milde,
Was dein helles Auge fand,
Doch der Grund der Weltgebilde
Gibt dem Bild in dir Bestand.

Treuer wirst du's bald umfangen,
Als der Tempel von Porphyr,
Du bestimmst dich ohne Bangen,
Denn du trägst den Gott in dir!*

Das Leben ist ja nicht gerade dünn

Manche Erlebnisse haben fast alle Menschen. Zumindest in der Kindheit. Und dort, wo es Häuser gibt. Wer hat nicht einmal ein Haus wahrgenommen, das schon immer da stand, aber nun eben plötzlich sich bemerkbar machte, dass man sich fragte: Wer wohnt denn hier in diesem Haus? Und diese Frage trägt man lange in sich – zumindest als Kind –, wie ein streng gehütetes Geheimnis, bis zu dem Tag, an dem das Geheimnis gelüftet werden darf.

Sieglinde Vogel ist so ein Kind, das plötzlich auf ein Haus aufmerksam wird. Ein Philosoph soll darin eingezogen sein. Aber – was ist denn ein «Vielosof»? Und weil Sieglinde immer schon hinter die Dinge schauen möchte, auch hinter die Wörter mit ihren oberflächlichen Bedeutungen, sodass sie sie – das Tiefere suchend – von hinten aufsagt, fragt das Kind immer wieder nach: Was ist das, ein «Vielosof»?

Die Geschichte von Sieglindes Suche nach dem Philosophen, die zugleich eine deutsche

Geschichte nach dem Sinn im Leben ist, hat Sigrun Casper in ihrem Roman *Sumsilaizos* aufgeschrieben.

Dass «Vielosofen» mit Büchern zu tun haben, ist eine der ersten Auskünfte, die das Mädchen Sieglinde auf ihre Frage erhält: Sie schreiben Bücher über das Leben – sogar dicke Bücher. «Naja», meint Sieglinde, «wenn Vielosofen übers Leben schreiben, müssen die Bücher auch dick sein. Das Leben ist ja nicht gerade dünn.»

Als Kind weiß es Sieglinde nicht, aber auch sie ist ein Philosoph, ein noch unbewusster. Jedes Kind ist es eigentlich: einer, der nach dem Sinn im Leben trachtet, der nachsinnt über den Gebrauch unserer Worte, den Gehalt unserer Gedanken, das Gewissenhafte unserer Handlungen.

Sigrun Casper hat viel vom Kind in sich erhalten. Und sie schreibt auch Bücher! Die sind dicker, als sie scheinen.

In der Kunst ist alles möglich

Wie oft geraten wir an irgendwelche Grenzen, an die des Lebens – zumeist jedoch an unsere eigenen! Der Wunsch, die Sehnsucht, das Begehren streben nach einem oft genug nicht deutlich fassbaren Ziel oder müssen, in Ermanglung der erforderlichen Fähigkeiten, resignieren. Unmögliches ist uns schmerzliches Erlebnis. Oft.

Ein bekannter Maler aber meinte, Gegenteiliges feststellen zu können: «In der Kunst wie im Leben ist alles möglich, wenn es auf Liebe gegründet ist.»

Für den 25. Tamus (das ist der 5. Juli im Jahr 2002) des Jahres fünftausendsiebenhundertzweiundsechzig (nach der Erschaffung der Welt) haben die Herausgeber Henryk M. Broder und Hilde Recher in ihrem *Jüdischen Kalender* (im Ölbaum Verlag zum 19. Mal erschienen) diesen denkwürdigen Satz notiert. Geschrieben oder zumindest gesprochen hat ihn der am 07.07.1887 in Liosno / Russland geborene Maler Marc Chagall.

Welches Vertrauen in die Kraft der Liebe muss Marc Chagall besessen haben, um einen solchen Satz aussprechen zu können!

Vielleicht hat er aber mit «möglich» auch zulässig gemeint: ... alles ist zulässig, wenn es auf Liebe gegründet ist.

Schrecken wir da nicht etwas zurück? Ja – und dann wieder: nein. Es gibt tatsächlich jene Tiefe in uns, aus der wir in Augenblicken der Ruhe und Reinheit des Herzens meinen hören zu können: In der Kunst wie im Leben ist alles möglich – und zulässig –, wenn es auf Liebe gegründet ist. Und wenn dem nicht so scheint, dann ist unsere Liebe nicht tief genug, nicht hell genug, nicht rein genug. Erlahmen wir deshalb? Das muss nicht sein. Gehen wir auf die Kunst zu und auf das Leben. Sehen wir, erleben wir, was Menschen alles durch ihre Liebe möglich gemacht haben! Uns wird dadurch auch die Kraft zuwachsen, tiefer aus der Liebe schöpfen zu können und Unmögliches möglich zu machen.

Allerseelen

Allein der Klang macht manche Worte groß. Wie wenn der Geist geheimnisvoll sich unmittelbar Gehör geschaffen habe, erklingt in einer Handvoll Silben Herkunft und Bestimmung aller Menschen.

Kurz vor der ersten Jahrtausendwende unserer Zeitrechnung, im Jahre 961, trat ein junger Domherr Odilo von St. Julien bei Le Puy in das Kloster von Cluny ein. Um 910 hatten zwölf Mönche die alten Ideale des heiligen Benedikt erneuern wollen und in den burgundischen Bergen nördlich von Lyon das Kloster von Cluny gegründet.

Von Cluny aus strahlte ein in Gebet und Kontemplation, in Bauwerk und Chorgesang, in Studium und Arbeit getauchtes Leben weit über die Klostermauern hinaus. Fünfundfünfzig Jahre lang stand Odilo dem Kloster vor, und die Zahl der unter Cluny stehenden Klöster stieg unter seiner Leitung auf fünfundsechzig.

Seinen Zeitgenossen galt Odilo von Cluny als *Archangelos Monachorum*, als «Erzengel der

Mönche». Seiner können wir gedenken, wenn am 2. November in der katholischen Christenheit für die Toten gebetet wird. Auf seine mitfühlende Liebe geht die Einführung des Gedenktages für die armen Seelen im Fegefeuer zurück: Allerseelen.

Doch in diesem Wort schwingt viel mehr als nur ein alter, wehmütiger Brauch zum Gedenken der Verstorbenen mit. Es ist wie wenn die Gemeinschaft aller Menschen, die je gestorben sind und sterben werden – also aller, die je geboren wurden, geboren sind und je geboren werden –, zusammengefasst und genannt sind.

Allerseelen ist ein Tag der Menschheit.

Und Jesus weinte

In den ersten zwanzig Tagen des Krieges im Irak
haben viele Menschen (2003) das Bild eines Man-
nes gesehen: fast außer sich vor Schmerz und
Trauer am Sarg seiner gestorbenen Mutter. Wie
fast alle anderen aus seiner Familie, Frau und
Kinder, Bruder und Schwester, war sie durch einen Luft – oder Artillerieangriff der Amerikaner
getötet worden. Die allermeisten Szenen dieser
Art sehen wir nicht. Wir könnten es auch nicht
ertragen.

Wie viele Töchter und Söhne weinen um ihre
Mütter und Väter? Wie viele Mütter, wie viele
Väter um ihre getöteten Kinder? Wie viele weinen
um den verlorenen Geliebten? Nicht nur im Irak.
Auch in den Vereinigten Staaten von Amerika,
auch in dem Vereinigten Königreich wird um die
Gefallenen geweint. So viele Lebensfäden werden
in diesen Tagen jäh durchschnitten. Der Krieg
wird bis zum Ende fortgesetzt. Doch was wird
dieses «Ende» sein? Nach wie vielen Toten? Droht
nicht nach den «offenen» Kampfhandlungen ein

umso erbitterter verdeckter terroristischer Kampf der Erniedrigten gegen die Übermacht der Erniedrigenden?

Das Risiko der totalen Fehleinschätzung, das die amerikanische und die britische Regierung mit ihren Verbündeten eingegangen sind, ist enorm. Als Mitfühlende aber können wir nun nach Beginn dieses Krieges nicht hoffen, dass Präsident Bush und Premierminister Blair sich mit ihren Beratern geirrt haben. Ja, wir müssen – gegen unsere innerste Überzeugung – hoffen, dass ihre Rechnung aufgeht. Noch aber hat es diese Hoffnung unsäglich schwer, wirklich aufzukeimen. Noch sind wir bei den Weinenden – auf beiden Seiten.

Als Jesus weinte, war er auf dem Weg, Lazarus vom Tode aufzuwecken. «Da sprachen die Juden: Siehe, wie hat er ihn so lieb gehabt!» – Jesus weinte aus Mitleid. In diesen Tagen zeigt sich im Angesicht des Todes, wie sehr wir einen Menschen lieben; und im Mitleid, inwieweit wir aus dem Schmerz neues Leben erwecken können.

Wo du auch hingehst

Anlässlich der Verleihung des Ludwig-Börne-Preises 2003 hat neulich der Literaturwissenschaftler und -kritiker George Steiner in seiner in der Frankfurter Paulskirche gehaltenen Dankesrede hervorgehoben, «dass wir alle Gäste des Lebens sind». Und er fuhr fort: «Das Sein ist unser Gastgeber. Wir sind vom Leben eingeladen. Niemand hat ein Recht, geboren zu sein.» Auf eine kleine fremdsprachliche Begebenheit macht er aufmerksam: «Im Altgriechischen bedeutet das Wort *xenos* ‹Fremdling› und ‹Gast›. Von diesem herrlichen Gleichnis bleibt uns das Wort Xenophobie. Das ist unsere Geschichte: von *xenos* zu Xenophobie!» – Wir sind vom Ethos der Gastfreundschaft zum Fremdenhass fortgeschritten. Wie viel würde sich im Leben ändern, wenn wir uns tatsächlich in allen menschlichen Begegnungen gegenseitig als Gast empfänden, wenn wir uns der Natur gegenüber und selbst auch unserem eigenen Leben, unserem eigenen Schicksal gegenüber als Gast, als Hereingebetenen erlebten?

Im Gedenken an den in Frankfurt am Main (am 06.05.1786) geborenen und im Pariser Exil (am 12.02.1837) gestorbenen Meister der zeitgeschichtlichen Kritik Ludwig Börne wie auch der Jahrtausende alten Erfahrungen der gemeinsamen jüdischen Vorfahren weist George Steiner auf eine ernste Aufgabe hin: «Es ist des Juden Pflicht, die Barbarei des Nationalismus, des Chauvinismus, der Rassenverfolgung zu bekämpfen. Er muss beweisen, dass es überall auf dieser Erde interessant ist zu leben, zu arbeiten und, vor allem, zu lernen.»

Viele von uns freuen sich auf die großen Sommerferien. Wir wollen reisen, Land und Leute kennenlernen: im Fremden zu Gast sein, es uns gut gehen lassen. Ob wir es dem Herrn Professor, dem Weisen George Steiner gleich tun können, uns überhaupt als Gäste des Lebens zu empfinden und zu benehmen? Und vor allem der Erfahrung seines Berufes und seiner Leidenschaft näher kommen: uns auch als Gäste der Wahrheit zu bemühen? – Wo du auch hingehst, bist du ein Gast auf dieser Erde.

PS: Die Dankesrede von George Steiner zur Verleihung des Ludwig-Börne-Preises wurde in der *Frankfurter Allgemeinen Zeitung* vom 31. Mai 2003 abgedruckt.

Das leben ist wunderbar

Oft wundere ich mich über das Alter eines Menschen: wenn ich höre, dass er genauso alt ist wie
ich – oder um wenige Jahre nur älter oder jünger
ist – und er mir zugleich doch viel älter vorkommt. Dabei gibt es ein untrügliches Zeichen,
dass ich wohl älter werde: Ich lese zunehmend
die Todesanzeigen in meiner Tageszeitung. Da
ahne ich die unterschiedlichsten Schicksale: die
langen, an sozialen Verbindungen reichhaltigen
Lebensläufe; die tragischen, allem Anschein nach
allzu früh beendeten – und viele andere. Eines
gibt mir dabei immer zu denken, dass es rich-
tig schmerzt: Auf manchen Todesanzeigen sehe
ich immer wieder eine abgebrochene, blühende
Rose, genauer gesagt: eine halb abgebrochene
hängende Blüte. Es ist ein trostloses Bild, das wir
uns da vom Tod machen, sage ich mir – und «wir»
meine ich wirklich so. Ich kenne die Momente, in
denen dieses Bild bei mir eine genaue Wieder-
gabe meiner Empfindung ist.

Warum fällt es uns so schwer, in der Betrachtung eines beendeten Lebens zum Bild der Hagebutte zu greifen? Sie ist so pralle Lebenszukunft, sie glänzt so schön, so würdig und schmeckt sogar, wenn man sie (bei kundiger Zubereitung) isst!

Bei seiner täglichen, nüchternen Arbeit hat der Transplantationschirurg Professor Eckhard Nagel erfahren, wie wir tatsächlich neue Formen im Umgang mit dem Tod entwickeln und pflegen können, die wieder Sinn erhaltend und Sinn erweiternd für unser Leben sind. Denn der Tod gehört zum Leben. Und das Leben ist wunderbar. Nur fehlt uns allzu oft die Fähigkeit, diese Einsicht auch bis in die Anschauung des Todes hinein weiterzuführen. Lernen wir doch vom Leben! Überall lädt es uns ein, das Wunderbare zu erleben.

Gelassenheit, Mut und Weisheit

In der Union Church von Heath, einem Dorf im Nordwesten von Massachusetts, hielt der amerikanische Theologe Reinhold Niebuhr, wie so oft in den großen Ferien der Akademiker-Familie, im Jahr 1943 eine Predigt. Auf dem Höhepunkt des Krieges gegen Deutschland trug der evangelische Gelehrte deutscher Herkunft ein von ihm verfasstes ebenso tiefgründiges wie einfaches Gebet vor. Die Amerikaner nennen es das «Serenity Prayer», das «Gelassenheits-Gebet»:

Gott, gib uns die Gnade, mit Gelassenheit Dinge hinzunehmen, die sich nicht ändern lassen, den Mut, Dinge zu ändern, die geändert werden sollten, und die Weisheit, das eine vom anderen zu unterscheiden.

1944 wurde das Gebet erstmalig in einem *Buch der Gebete und Andachten* für die Amerikanische Armee abgedruckt, und etwa zur selben Zeit gewährte Reinhold Niebuhr den Anonymen Alkoholikern, es als Motto zu benutzen. Seitdem hat das Gebet weite Verbreitung und große

Beliebtheit erlangt – doch meist ohne Erwähnung seines wahren Urhebers, ja sogar mit falscher Zuordnung. Besonders in den frühen Nachkriegsjahren hielt man das Gebet in Deutschland für ein Musterbeispiel pietistischer Frömmigkeit und schwäbischer Seelentiefe, und es wurde selbst zum Wahlspruch der Bundeswehrschule in Koblenz erhoben.

Reinhold Niebuhr, der am 21. Juni 1892 in Wright City geboren wurde und am 2. Mai 1971 in Stockbridge, Massachusetts, starb, hatte für das von ihm verfasste Gebet weder Anerkennung noch Geld gefordert. Das hätte seiner religiösen und ethischen Gesinnung zutiefst widersprochen. Seine Tochter Elisabeth Sifton hat dankenswerterweise, ihrem historischen Gerechtigkeitssinn folgend, in ihren Erinnerungen an den geliebten Vater und den für ein wahres Verständnis deutscher Geschichte in den Vereinigten Staaten immerzu engagierten Theologen einiges über die Entstehung und Verbreitung des «Gelassenheits-Gebets» geschrieben, das Hartmut von Hentig 2001 für die Edition

Akzente im Carl Hanser Verlag ins Deutsche übersetzt hat.[*]

Gelassenheit, Dinge hinzunehmen, die sich nicht ändern lassen, brauchen wir heute gewiss. Den Mut, Dinge zu ändern, die geändert werden sollten, noch mehr. Aber am meisten brauchen wir wohl die Weisheit, das eine vom anderen zu unterscheiden. – Wo finden wir heute die Schulen dieser Weisheit?

[*] Elisabeth Sifton, *Das Gelassenheits-Gebet. Erinnerungen an Reinhold Niebuhr.* Aus dem Englischen übersetzt von Hartmut von Hentig, Edition Akzente, Carl Hanser Verlag, München 2001.

Was ist Wahrheit?

Es ist viel im Frühjahr 2004 über den Film von Mel Gibson, *Die Passion Christi,* geschrieben worden. Die Gewalt, die Darstellung der Hohepriester der Juden, die Bibeltreue sind Anlass zu sehr kritischen Kommentaren und Beurteilungen: der Film sei Produkt eines primitiven «Fundamentalismus», schüre einen abscheulichen «Antisemitismus».

Wer aber übt die Gewalt aus in diesem Film? Warum fühlt sich Mel Gibson dazu genötigt, uns diese Gewalt so exzessiv darzustellen?

Sicher, wenn Jesus im Garten Gethsemane von den Häschern der Hohepriester gefangen genommen wird, wird er bereits so zusammengeschlagen, dass der im 18. Kapitel des Johannes-Evangeliums geschilderte erste, erschütternde Backenstreich fast belanglos wirkt. Es ist wahr: Die von den Hohepriester angeführten Juden wollen seinen Tod. Die Gewalt, die sie ausüben, ist roh, aber doch noch menschlich, soweit das überhaupt von Gewalt gesagt werden kann.

Anders ist die Gewalt der römischen Soldaten: Sie ist zynisch, exzessiv, wie besessen: unmenschlich. Die Geißelung hätte bereits auf die brutalste Weise zum Tode führen müssen. Sie aber ordnet Pilatus an. Und doch ist uns kein Mensch in diesem Film so nah wie Pilatus. Gerne würde er das Todesurteil abwenden. Durch die Geißelung – «straft ihn streng, aber lasst ihn am Leben» – hofft er das Leben Jesu noch zu retten. Aber er kann sich als Statthalter Roms, der in dieser unruhigen Provinz des Reichs für Ordnung sorgen muss, nicht durchsetzen. Was aber seine Soldaten anrichten, beaufsichtigt er nicht. Ihm mangelt die Konsequenz in seinem Denken und Handeln.

In diesem Film hatte ich das Erlebnis, dass ich den Regisseur am stärksten in Gestalt des Pilatus vor mir hatte und dass er schließlich nur Stellvertreter war für mich selbst: Ein jeder Mensch erwacht einmal und fragt «Was ist Wahrheit?» – und bis er darauf eine Antwort findet, lädt er Schuld auf sich.

Ein neues Sehen der Welt

Vieles, was uns in der Welt begegnet, ist nicht so, wie es scheint. Doch oft braucht es eine längere, auch schmerzensreiche Zeit, bis wir das merken. Es gibt aber auch begnadete Augenblicke des Lebens – und begnadete Menschen, die nicht so lange auf ihre Aufklärung warten müssen. Jacques Lusseyran ist ein solcher begnadeter Mensch gewesen.

Mit acht Jahren erblindete er. Aber in dem Augenblick, in dem er sein Augenlicht verlor, machte er eine lebenswendende Entdeckung: In seinem Innern fand er das Licht unversehrt wieder. «Das Licht war da, begleitet von allen sichtbaren Formen, Farben und Linien, ausgestattet mit derselben Kraft, die es in der Welt der Augen hat», erzählt er in seinem Buch *Ein neues Sehen der Welt* und mit ähnlichen Worten auch in seiner Autobiografie *Das wiedergefundene Licht.* So nennt er sich glücklich: «Das Blindsein ist mein größtes Glück! Das Blindsein gibt uns ein großes Glück; es gibt uns eine echte Chance sowohl durch die Unordnung wie auch durch die Ordnung, die es schafft.»

Jacques Lusseyran, der als junger Widerstandskämpfer am 20. Juli 1943, keine 20 Jahre alt, von der Gestapo verhaftet und nach Buchenwald deportiert wurde, erlebt im Schicksalsschlag der Erblindung die Gnade der gleichzeitigen Unordnung und Ordnung: «Die Unordnung, das ist das Schnippchen, das es einem schlägt, die leichte Verschiebung, die es bewirkt: es zwingt uns, die Welt von einem anderen Punkt aus zu sehen. Eine notwendige Unordnung! ... Was die Ordnung betrifft, so ist sie die Entdeckung der ununterbrochen waltenden Schöpfung.»

Als Jacques Lusseyran am 27. Juli 1971 durch einen Autounfall aus dem Leben gerissen wurde, lebte er in der Gewissheit, «dass Gott niemals neue Umstände für uns schafft, ohne uns zur selben Zeit so auszurüsten, dass wir diese Umstände bestehen können».

Das Leben ist uns nah

Das Leben ist uns nah. Manchmal zu nah. Wir kennen es und wissen doch nicht, was es ist, was wir daran haben. Ferne müssen wir bisweilen zum Leben gewinnen, damit wir es erkennen und anerkennen können.

«Es ist entsetzlich! Es ist toll! Ich bin konfus und verdreht! London ist das grandioseste und komplizierteste Ungeheuer, das die Welt trägt», schrieb der gerade mal zwanzigjährige Felix Mendelssohn Bartholdy an seine Familie, als er, um seine innere wie äußere Bildung zu fördern, von seinem Vater auf eine Reise in die Ferne geschickt wurde. «Wie kann ich in einen Brief zusammendrängen, was ich in drei Tagen erlebt habe? Kaum weiß ich mich noch der Haupt-sachen zu entsinnen, und doch darf ich kein Tagebuch führen, sonst würde ich wieder etwas weniger erleben müssen», fuhr Mendelssohn fort, «das will ich aber nicht, sondern alles mitnehmen, was sich mir darbietet.» – So kann man sich für das Fremde, das einem in der Ferne begegnet, begeistern, dass aus dem intensiven Erleben Entwicklung und Bildung wird.

In Zeiten der Veränderung kann uns vieles fremd vorkommen. Wie versetzen wir uns in solch eine Stimmung, dass wir dieses Fremde erleben können wie der bildungshungrige Weltreisende? Offen werden selbst für das Komplizierteste und Ungeheuerlichste – in kleinen Schritten können wir das üben: von dem uns fremd erscheinenden Gedanken bis hin zu der Entfremdung bewirkenden Handlung. Dann wird uns auch einmal geholfen, selbst das uns Allerentfernteste und -fremdeste, den Tod, als entwicklungsfördernd und erneuernd anzunehmen. Das Leben wird uns fern, um uns einmal wieder nah und neu zu werden.

Weil es die Schönheit ist

«... weil es die Schönheit ist, durch welche man zu der Freiheit wandert», wandte sich der Dichter der Freiheit, Friedrich Schiller, eingehend der «ästhetischen Erziehung» des Menschen zu. Seine in schönster Prosa verfasste philosophische Abhandlung *Über die ästhetische Erziehung des Menschen* schrieb er ursprünglich in einer Reihe von Briefen für den Herzog Friedrich Christian von Schleswig-Holstein-Sonderburg-Augustenburg nieder, als Dank für ein großzügiges dreijähriges Stipendium, das ihn von den ärgsten finanziellen Sorgen befreite, sodass er sich nach seinem gesundheitlichen Einbruch im Januar 1791 endlich einem intensiven Kant-Studium widmen konnte.

Bald achtzigjährig starb der Königsberger Schöpfer der kritischen Philosophie, Immanuel Kant, am 12. Februar 1804. Wenig mehr als ein Jahr später, am 9. Mai 1805, starb Friedrich Schiller, keine sechsundvierzig Jahre alt. Er möge uns aber immerzu begleiten, denn seine Philosophie des «ästhetischen», des spielenden, schöpferischen Menschen ist bis heute noch wenig erschlossen worden. Ihm schwebte vor, eine «Kunst des Ideals» zu entwerfen, die wir nach all dem Missbrauch von Idealen im 20. Jahrhundert doch noch sehr nötig haben.

«Womit könnte Deutschland in der Welt dienen?», wurde einmal der Gründer des dm-drogerie markts und Professor am Lehrstuhl für Entrepreneurship der Universität Karlsruhe Götz W. Werner gefragt. Und er antwortete ohne Zögern: mit Schillers Briefen über die ästhetische Erziehung des Menschen! Aber dafür müssten wir in Deutschland schon ein tieferes und schöpferisches Verständnis gewinnen von dem, «was wir an unserem Schiller haben».

Das Leben meistern

«Der moderne Meister kennt keine Geheim-
tuerei», bekannte der am 16. März 1935 in Ko-
penhagen gestorbene Schachgroßmeister Aaron
Nimzowitsch. Der am 7. November 1886 in Riga
geborene Sohn eines Deutschen jüdischer Herkunft ist einer der bedeutendsten Theoretiker
des Schachspiels gewesen, und seine Lehrbücher
Mein System und *Die Praxis meines Systems*,
1925 und 1928 erschienen, gehören – selbst im
englischen Sprachraum – zu den einflussreichs-
ten Werken der Schachtheorie. Eigenwillig und
kompromisslos setzte er sich für seine neuen
Ideen zu einer von anderen Großmeistern erst
verständnislos belächelten und nach und nach
gefeierten «hypermodernen» Spielweise ein.
Doch er tat dies auch mit einem ihm eigenen
Humor: «Was nun mich betrifft», vertraute er
den Lesern seines Klassikers *Mein System* an,
«so bin ich ausgesprochener Anhänger der ko-
misch wirkenden Parallelen, ich ziehe also die
Ereignisse des täglichen Lebens gern vergleichs-

weise heran, um solchermaßen Klarheit über komplizierte Schachvorgänge zu gewinnen.» Und schreiben wollte er «für diejenigen, die an die Kraft des Gedankens, Licht in das Dunkel zu bringen, glauben».

Schach ist ein Spiel. Seit Nimzowitsch hat sich durch die explosionsartige Entwicklung der Rechenmaschinen und Datenbanken sehr viel geändert. Doch an Aaron Nimzowitsch und einigen anderen Schachgroßmeistern kann man nach wie vor erleben, dass die Bemühung um verstehende Gedanken weiterhin den Geist des königlichen Spiels – wie auch des selbstbestimmten, sinnerfüllten Lebens – ausmacht.

Der Meister weiß wohl das Geheimnis zu schätzen. Aber er ist gleichermaßen jeglicher Geheimnistuerei abhold. Deshalb denkt er radikal nach und versucht auch, denkend das Leben zu meistern.

Freude schafft, was nicht da ist

Bevor er starb und sein Leben als Jesus mit den Worten besiegelte: «Es ist vollbracht», dürstete es Ihn, den Gesalbten, den Christus. «Mich dürstet» sind, nach Johannes, die vorletzten Worte des Christus am Kreuz. Darin ist Er, der «eingeborene» Sohn des Vaters, ganz Mensch geworden. So kann er sterben.

Am Morgen des Ostersonntags erscheint der Auferstandene Maria Magdalena – doch sie soll ihn nicht berühren, da er noch nicht zum Vater «aufgefahren» ist. Am Abend aber erscheint er den Jüngern, zeigt seine Wunden, dass es ihnen froh wird, den Herrn wieder zu sehen. Für Johannes ist es schon Pfingsten: Christus blies sie an und spricht zu ihnen: «Nehmet hin den heiligen Geist.»

Thomas, der Zwilling, ist aber nicht dabei. Ohne seinen Finger in die Nägelmale und seine Hand in Seine Seite gelegt zu haben, will er an den Auferstandenen nicht glauben. Acht Tage später ist Er wieder da und fordert Thomas auf, seinen Finger in die Nägelmale, seine Hand in Seine Seite zu legen. Auch Thomas glaubt nun an den Auferstandenen. Er hat Ihn gesehen, Ihn *wahrgenommen*. Ihm war seine Glaubensseligkeit nicht gegeben. Er musste sie sich schmerzensreich erzweifeln. Hier hätte Johannes seine frohe Botschaft beenden können – er tut es ja auch. Und doch fügt er noch ein 21. Kapitel an und schildert, wie Christus nach dem Tod ein drittes Mal sich seinen Jüngern zeigt: am Meer bei Tiberias. Petrus ist dabei, wie auch Nathanael und Thomas und die Söhne des Zebedäus und zwei andere Jünger. Vergebens haben die Jünger die ganze Nacht hindurch gefischt. Am Morgen kehren sie ans Land zurück. Eine Gestalt ruft ihnen vom Ufer zu: «Kinder, habt ihr nichts zu essen?» – «Es ist der Herr», erkennt der Jünger, «welchen Jesus lieb hatte.» Als sie ans Ufer kommen, sehen sie die Kohlen mit den Fischen darauf. Christus teilt mit ihnen das Mahl: Fische auf Kohlen gegrillt und Brot. Es ist eine wundersame Szene mit dem Auferstandenen.

An diese musste ich jetzt wieder denken, als ich über den Tod des furchtlosen Papstes Johannes

Paul II. in der Nacht zum 8. Tag nach Oster-
sonntag, dem 2. April, wie auch über den Tod
Friedrich Schillers am 9. Mai 1805 Jahren nach-
dachte. Schiller hatte in einem philosophischen
Entwurf den Satz geprägt: «Freude schafft, was
nicht da ist», und auch der Erkenntnis Ausdruck verliehen: «Ein Ideal zu realisieren, ist die
Grundlage jedes Menschen, der der Freude fähig
ist.» Das ist die frohe Botschaft jener Menschen,
die sich Gott im Sohne, im *Menschen,* zuwenden können, wie es Karol Wojtyla und Friedrich
Schiller taten.

Dem Weltgeist näher sein

Zu der Erscheinung haben wir ein eindeutiges Verhältnis: Wir lieben sie. – So dachte ich, diese Zeilen hier zu eröffnen. Der Beweis ist kurz und leicht zu führen. Nimm einige Fotos eines dir nahe stehenden Menschen aus unterschiedlichen Zeiten. Stell sie vor dich hin: als Kind und jungen Menschen, als tatkräftigen Mann oder fürsorgliche Frau von Welt, als Älteren endlich – wie könntest du die Liebe nicht empfinden, die sich in dem Schmerz zeigt, dass diese einzelnen Erscheinungen alle vergänglich sind? – Was ist der Mensch? *Wann* ist der Mensch?

Doch indem ich dieses frage, bin ich schon nicht mehr bei der einzelnen Erscheinung. Nur in der mehrfachen Gegenüberstellung, im Bewusstsein des verschlingenden Stroms der Zeit, entsteht der Schmerz darüber, dass die Erscheinungen vergehen. An den *Bildern,* an unseren Erinnerungen, die wir uns von den Erscheinungen gemacht haben, wird unsere Anhänglichkeit, unsere Liebe bewusst. In ihr gibt sich die Sehnsucht kund, im

Gewahrwerden des Wandels dem Wesen zu begegnen, das über der Zeit steht oder genauer: das das Schaffende selbst ist in der Zeit, das die einzelnen Erscheinungen immer wieder neu zum Dasein bringt. Gibt es das?

«Es giebt im Menschenleben Augenblicke, / Wo er dem Weltgeist näher ist, als sonst, / Und eine Frage frey hat an das Schicksal», spricht Wallenstein in dem Teil des dramatischen Gedichtes Friedrich Schillers, das zu seinem Tode führen wird. Und jedes Mal, wenn wir uns in Bildern einer Reihe von Erscheinungen eines uns lieben Menschen gegenüberstellen, ist ein Augenblick gekommen, der uns dem «Weltgeist» näher bringt als sonst. Dann hängt es vom Grade unserer Geistesgegenwart ab, ob wir die Frage finden können, die uns im Schicksal weiterführen kann.

Nein, eindeutig an unserem Verhältnis zu der Erscheinung ist nur, dass sie uns auf den Weg bringt, die Liebe zu entdecken, die wir im Geiste erst ergründen können. Es muss nur – a tempo – der richtige Augenblick gefunden werden.

Werde ein Mensch mit Initiative

Seit einiger Zeit gelangen vermehrt sogenannte Listen-Bücher auf den Markt. Sie enthalten in bunter, zusammenhangloser Folge verschiedene Auflistungen bekannter und weniger bekannter Fakten. So werden in einem der ersten Werke dieser neuen Literaturgattung, *Schotts Sammelsurium,* beispielsweise unter dem Eintrag über den gewichtigen japanischen Kampfsport Sumo auch die Werke der Barmherzigkeit und die UNO-Generalsekretäre aufgelistet. Eine Systematik ist in diesem Werk nicht zu erkennen: auf die unerwartete, ja skurrile Mischung kommt es wohl an. Bei der Zahl 9 weist *Schotts Sammelsurium* daraufhin, dass es 9 Flüsse der Hölle gibt, dass Dantes Inferno aus 9 Kreisen besteht, dass es 9 Ordnungen der Engel, 9 Würdige, 9 Welten im Niflheim der germanischen Mythologie, 9 Götter der Etrusker und 9 Sabinische Gottheiten gibt. Ferner, dass es 9 Päpste mit dem Namen Bonifatius gab, dass eine Katze 9 Leben hat und dass es 9 essenzielle Aminosäuren gibt. Neben

den 9 Musen, den Töchtern der Göttin der Erinnerung, Mnemosyne, die die menschlichen
Künste und Wissenschaften inspirieren (Clio:
Geschichtsschreibung, Melpomene: *tragische
Dichtung,* Thalia: *komische Dichtung,* Kalliope:
epische Dichtung, Erato: *Liebeslyrik,* Terpsichore:
Tanz und Lyrik, Euterpe: *Flötenspiel,* Polyhym-
nia: *Pantomime, heilige Dichtung und Gesang,*
und Urania: *Astronomie)* hätte Ben Schott auch
die in die Zukunft weisenden 9 Seligpreisungen
aus der Bergpredigt des Matthäus-Evangeliums
anführen können.

Da wir uns in Deutschland zurzeit sehr wohl
Gedanken über die Zukunft machen, erlaube ich
mir an dieser Stelle eine Ergänzung der Dinge,
die da 9 sind, vorzuschlagen. Es sind 9 Fähigkeiten, die wir als initiative Menschen zur Zu-
kunftsgestaltung dringend brauchen:

Perceptiveness – Wahrnehmungsfähigkeit
Judgement – Urteilskraft
Vision – Weitblick

Technique – Technik
Care – Sorgfalt
Timeliness – Pünktlichkeit

Imagination – Fantasie
Intuition – Intuitionsvermögen
Initiative – Initiative

Wir sind so frei

Wie wollen wir glücklich werden? In einer der Tugend gemäßen Tätigkeit der Seele sah einst Aristoteles die Möglichkeit für den Menschen, ein glückliches Leben zu führen. Was er aber unter einer Tugend verstand, deckt sich nur zum Teil mit dem, was wir heute üblicherweise unter diesem Wort verstehen. Mit «Tugend» bezeichnete er ein herausragendes Können, eine besondere Tüchtigkeit des Menschen. In der Ausübung seiner seelischen und geistigen Tüchtigkeiten lag für den Universalgelehrten der klassischen griechischen Antike die Glückseligkeit des Menschen. Er hatte es gut, könnten wir meinen: gearbeitet haben zu dieser Zeit die Sklaven und Bauern.

Heute, aber eigentlich seit es unsere industrielle Gesellschaft gibt, pochen wir auf ein Recht auf Arbeit, und wir zerbrechen uns den Kopf – und einige das Herz – mit dem Problem, was aus den Millionen und Abermillionen von Arbeitslosen wird. Mit dem protestantischen Ethos, dass nur ein arbeitsames Leben ein glückseliges Leben sein kann, hätte Aristoteles es etwas schwer gehabt. Schließlich hat er die höchste Form menschlicher Tätigkeit im Anschauen und Erkennen der Welt gesehen, da diese Tätigkeit der göttlichen Tätigkeit am nächsten komme. (Immerhin: nach dem Sechstagewerk der Genesis ruht Gott, um sein Werk zu betrachten – und es war sehr gut.)

Nein, das höchste Ziel einer menschlichen Gesellschaft kann eigentlich nicht sein, Arbeit zu ermöglichen, sondern Bedingungen zu schaffen, dass die Menschen immer mehr die sie erfüllenden Tätigkeiten ausüben können. – Weniger arbeiten, um mehr tätig zu sein – wie ließe sich dies besser verwirklichen?

Wir leben in historischer Zeit: in der es darum geht, die Befreiung von der Arbeit als eine Aufgabe zu gestalten, um mehr Freiheit überhaupt für den Menschen zu ermöglichen und so den Weg zu bereiten, ein glückliches Leben in der Tätigkeit zu führen – oder eben gegebenenfalls im «Nichtstun», im aristotelischen Anschauen und Erkennen der Welt: in der göttlichen *Theoria* unser Glück zu erleben.

Alles ist jetzt

Ich bin immer am Anfang, notiert Georg Kühlewind als letzten, 181. nummerierten Gedanken in seinem «Leitfaden für die Meditation»: *Licht und Freiheit.* Er drückt die Erkenntnis des geistig sich schulenden Menschen aus, des im Inneren unaufhörlich werdenden Menschen. Am Ende seines Leitfadens hat der ehemalige Professor für physikalische Chemie, aber seit über vierzig Jahren für die Erforschung und Schulung des Bewusstseins des Menschen Tätige, eine kleine Auswahl kurzer Meditationssätze angehängt. Darunter auch diesen: *Alles ist jetzt.* Man könnte ihn bezeichnen – ich möchte es tun – als den Fundamentalsatz des aufmerksamen Menschen: die ganze Aufmerksamkeit wird dem entgegengebracht, was jetzt vorliegt.

Eine kleine Begebenheit, von der Georg Kühlewind in einem anderen seiner Bücher – *Meditationen über Zen-Buddhismus, Thomas von Aquin und Anthroposophie* – berichtet, sagt viel aus über die Art, wie ein Mensch auf dem Weg der geistigen Entwicklung weiterkommt. Ende der 1960er-Jahre begann Kühlewind sich für den Zen-Buddhismus zu interessieren, wie dieser beispielsweise in den Büchern des japanischen Meisters D. T. Suzuki zum Ausdruck kommt. 1984 war er in San Francisco und unterhielt sich mit einem anderen Zen-Meister. Er fragte ihn, wie die Zen-Schüler ihren inneren Weg beginnen. «Wir achten auf das, was uns am nächsten ist, nämlich auf das Atmen», war die Antwort. Daraufhin hatte Kühlewind einen kleinen Geistesblitz, und er entgegnete dem Meister: «Wenn Sie Ihre Aufmerksamkeit auf das Atmen richten, dann ist diese Aufmerksamkeit Ihnen näher als das Atmen.» – Der Meister lächelte, Kühlewind lächelte. Es war der Beginn seines Weges, das Wesen der Aufmerksamkeit zu erforschen.

Der am 6. März 1924 geborene Georg Kühlewind – dies war sein selbst gewählter Künstlername – ist nach kurzer, schwerer Krankheit am 15. Januar 2006 in seiner Geburts- und Heimatstadt Budapest gestorben. Ich lernte ihn bei einer

Jugendtagung in Michael Hall, Forrest Row in England, im Oktober 1979 kennen. Über all die Jahre blieben von dieser ersten Begegnung zwei Verse von Rilke lebhaft in Erinnerung, die er in seinem Vortrag zitiert hatte:

Stiller Freund der vielen Fernen, fühle,
wie dein Atem noch den Raum vermehrt.

Da er sich inzwischen auf andere Wegen begibt, auf denen wir ihm nur geistig folgen können, rufe ich ihm im Gruße und zum Danke zu:

Stiller Freund der vielen Fernen, wir fühlen,
wie dein Denken noch den Raum vermehrt.

Übe die Kunst der Langeweile

Ein Blick auf den Tag im eigenen Leben könnte einem eine etwas überraschende, ja beunruhigende Erkenntnis zuteil werden lassen: Ich bin selten bei mir selbst gewesen. Immerzu bestimmen die Verhältnisse meines Lebens, was ich gerade denke und tue. Glücklich wähnen sich noch die meisten arbeitsfähigen Menschen, weil ihnen die Arbeit Inhalt und Richtung ihres tätigen Lebens bestimmt. Für diejenigen, die plötzlich ohne Arbeit dastehen, entsteht nicht nur die bange Frage, wie sie weiter leben werden, sondern vor allem, wie sie ihrem Tag einen neuen Inhalt geben können. «Das ist der große notwendige Lernschritt in unserer Gesellschaft», sagt der in Dresden geborene und in Berlin tätige Soziologe Wolfgang Engler in einem Gespräch für das Lebensmagazin *a tempo* vom Mai 2006, «zu lernen, mit sich selbst zurechtzukommen.» Auch ohne äußere Veranlassung durch die Gesellschaft, durch die Arbeit, durch unsere Beziehungen zu anderen – mit sich allein sein zu können, ohne in das Elend der Langeweile zu verfallen: das ist die wachsende Herausforderung unserer fortschreitenden Zivilisation.

Und einmal, an einem Abend der Leipziger Buchmesse 2006, sprach ein anderer wacher Zeitgenosse und ehemaliger Bürger der DDR: der Rechtsanwalt Rolf Henrich aus Eisenhüttenstadt, dessen Buch *Der vormundschaftliche Staat* im April 1989 erschien und das Versagen des real existierenden Sozialismus vor dem Fall der Mauer prophetisch vorwegnahm. Eingeladen, sich an einem Abend mit dem Titel «Wer liest schon Steiner?» zu beteiligen, las er einige Sätze vor, in denen der Begründer der Anthroposophie und Waldorfpädagogik, Rudolf Steiner, sich über die Bedeutung der Kultur der Langeweile für die Erschließung neuer, übersinnlicher Erkenntnisse aussprach. «Sehen Sie nur einmal die gegenwärtige Zeit an», las Rolf Henrich mit Emphase aus einem Vortrag vor, den Steiner für die Arbeiter am Bau des Goetheanum am 30. Juni 1923 in Dornach auf deren Wunsch hielt. «Was will denn die gegenwärtige Zeit? Die gegenwärtige Zeit will fortwährend die Langeweile vertreiben. Wohin rennen die Menschen nicht überall, um ja keine Langeweile zu haben! Immerfort wollen sie sich amüsieren. Was heißt denn das, sich immerfort amüsieren wollen? Das heißt, vor dem Geist davonlaufen.»

Heute hören wir vielleicht schon mit anderen Ohren, was Steiner damals den Arbeitern mitteilen wollte: «Es gibt schon ein außerordentlich gutes Mittel, wodurch man sehr tüchtig an sich selber arbeiten kann. Das ist, wenn man etwas recht, recht Langweiliges in der Welt erlebt und nachher, wenn es so langweilig gewesen ist, dass man fortgelaufen ist, dass man es gar nicht mehr mochte oder froh war, wenn es aus war, dann fängt man an, ganz, ganz langsam darüber nachzudenken.»

Reden mit dem eigenen Herzen

Der Sommer 2006 hat in Deutschland eine erstaunliche Wärme und Ausgelassenheit gebracht. Die Welt staunte ob der Heiterkeit und Freundlichkeit der Deutschen, als sie zu Gast hier war bei der Fußballweltmeisterschaft.

Der Sommer hat auch Krieg gebracht, im Libanon und in Israel. Zwei gottesfürchtige Menschengruppen stehen sich erbittert gegenüber: das Militär des jüdischen Staates Israel, das angreifend die eigene Bevölkerung schützen möchte, die islamistische militärische Organisation der Hisbollah, die mit dem Iran auf ein Verschwinden des Staates Israel aus dem Nahen Osten drängt. Im Libanon aber leiden vor allem die anderen: die Kinder und Frauen, die Alten und nicht zur Hisbollah gehörenden zivilen Teile der Bevölkerung, aber auch in Israel sterben täglich Unschuldige durch Raketenangriffe und andere Terrorakte. Es ist eine ausweglos erscheinende Situation der Gewaltanwendung und Gewaltsteigerung.

Wer an der Existenz eines Gottes oder eines Göttlichen überhaupt zweifelt, könnte sich im Angesicht der Vorgänge im Nahen Osten bestätigt fühlen: Ohne Gottesglauben lebten die Menschen ziviler miteinander. Ein Blick in die Geschichte, besonders auf das 20. Jahrhundert, kann aber auch diese Einstellung erschüttern.

Dies alles innerlich bewegend und mich ohnmächtig empfindend, lässt mich an den 7. Vers aus dem 77. Psalm denken: Ich denke des Nachts an mein Saitenspiel und rede mit meinem Herzen; mein Geist muss forschen.

Es gibt heute keinen rechten Glauben an Gott, kein Reden mit Ihm ohne ein *Reden mit dem eigenen Herzen* und ohne dass der Geist *forschen* muss. Das sind aber Tätigkeiten, die gelernt und noch gesteigert werden müssen. – Wenn der heiße Sommer sich dem milden Herbst zuneigt, können wir uns diesem Reden und Forschen vielleicht etwas leichter zuwenden.

Ein Gefühl vollkommener Authentizität

Was ist das? Wann erlebst du das: ein Gefühl vollkommener Authentizität? Das Unverfälschte, Echte, Ureigene? – Der französische Schriftsteller und Nobelpreisträger des Jahres 1947 André Gide bemerkte einmal, dass authentische Gefühle extrem selten seien und dass die große Mehrheit der Menschen sich mit konventionellen, überkommenen Gefühlen begnüge, in der irrigen Auffassung, sie wirklich zu empfinden. Man hat André Gide als einen Mann «erfüllt von Unruhe, zerrissen von inneren Widersprüchen und ständigen Wandlungen unterworfen» bezeichnet, der sich «mit rücksichtsloser Aufrichtigkeit für das Recht des Individuums auf Verwirklichung seiner Persönlichkeit» einsetzte, «deren Freiheit weder durch Konvention noch Moral, Kirche oder Ehe eingeschränkt werden dürfe» (so in Gero von Wilperts *Lexikon der Weltliteratur*). Es ist sicherlich kein Zufall, dass sein Hauptwerk, sein Roman aus dem Jahr 1925, *Die Falschmünzer* heißt und dass gerade seine autobiografischen

Werke als bedeutsamste Zeugnisse der Literatur des 20. Jahrhunderts gelten. André Gide kann als einer gesehen werden, der unaufhörlich auf der Suche nach diesem Gefühl *vollkommener Authentizität* war und der versuchte, von dieser Suche Zeugnis abzulegen.

Jedes Mal, wenn ich – als Nicht-Raucher – eine Schachtel Zigaretten mit ihrer durch dicke Umrandung eine Todesanzeige suggerierenden Warnung sehe: «Rauchen kann tödlich sein» – oder wie sie auch alle so fantasievoll vielfältig, aber hässlich heißen mögen – und an die hohen Steuern denke, die gleichzeitig beim Verkauf jeder Zigarette kassiert werden, kann ich nicht umhin zu empfinden, dass hier die Gefühle vieler Menschen gewaltsam abgestumpft werden und eine Doppelmoral betrieben wird, die nichts weniger als heuchlerisch ist.

Glücklicherweise hört man aber hin und wieder von Menschen, die mindestens einmal in ihrem Leben ein Gefühl vollkommener Authentizität erlebt haben, wie Thomas Gundermann 350 Meter unter der Erde (in dem Lebensmagazin *a tempo* vom Januar 2007). Sie lassen uns auf-horchen, regen uns an, auch im eigenen Leben diese Momente aufmerksamer wahrzunehmen.

Die Kraft, Erfahrung ins Licht zu kehren

Als wir jung waren, machten wir uns Gedanken darüber, wie wir uns älter stellen könnten. Das geschah aber sehr früh im Leben und währte nur eine kurze Zeit. Später, und länger während, machten wir uns nicht so viele Gedanken über das Jungsein und das Älterwerden. Oder, wenn doch, dann darüber, wie wir jung bleiben können. Es kommt aber doch die Zeit, in der das Älterwerden und die Frage, wie wir mit diesem unabweisbaren Faktum umgehen sollen, uns intensiv ins Bewusstsein dringen.

Für Mrs. Dalloway führt das Älterwerden zu Momenten erhöhter und befreiender Selbsterkenntnis. An einem hellen Tag im Juni 1923 stellt sie in ihrem 53. Lebensjahr fest: «Viel lieber wäre sie einer von denen wie Richard gewesen, die die Dinge um ihretwillen taten, wogegen sie, dachte sie, während sie an der Kreuzung wartete, meistens die Dinge nicht einfach so, nicht um ihretwillen tat; sondern um die Leute dies oder das glauben zu machen; vollkommener Schwachsinn, wusste sie (und jetzt hob der Schutzmann seine Hand), denn nie hatte sich jemand auch nur eine Sekunde lang täuschen lassen.»

Ein früherer leidenschaftlicher Jugendfreund von Clarissa Dalloway macht sich im Roman der englischen Erzählerin Virginia Woolf an diesem selben Tag im Juni ebenfalls Gedanken über das Älterwerden: «Die Entschädigung für das Altern, dachte Peter Walsh, als er Regent's Park verließ, den Hut in der Hand, war einfach das; dass die Leidenschaften so heftig wie je bleiben, aber man – endlich! – die Kraft erworben hat, die das Dasein um die höchste Würze bereichert – die Kraft, sich der Erfahrung zu bemächtigen, sie langsam um und um, ins Licht, zu kehren.»

You're welcome

Es gibt Redewendungen und geflügelte Worte, die einen tief in die Seele eines Volkes oder einer Kultur blicken lassen. Mit manchen hadere ich aber immer wieder, wenn sie genannt werden. «Das ist die Kehrseite der Medaille», heißt es oft im Clinch, oder: «Zum Streit gehören immer zwei». – Wo Licht ist, ist auch viel Schatten ... als ob alles in der Welt immer nur aus zwei Seiten bestünde und es nicht sein könnte, dass einmal *einer* einen Streit vom Zaun bricht. – Neulich aber hatte ich die Gelegenheit, zum ersten Mal die Vereinigten Staaten von Amerika zu besuchen: Ich verbrachte eine Woche in New York, in diesem pulsierenden, brodelnden, von schroffen Gegensätzen gezeichneten, megalomanen, aber auch so humanen kosmopolitischen Schmelztiegel der Welt. Zu Fuß lässt sich eine Landschaft wie auch eine Stadt am besten kennenlernen. Und so verbrachte ich viele Stunden damit, die Avenues und Streets von Manhattan rauf oder runter, hin und her zu erkunden, bis ich ein Gefühl für die

Lage dieser Stadt bekam und mich in ihr sogar heimisch fühlen konnte – wie am ersten Morgen: von East 28th Street der Park Avenue hinauf zur Grand Central Station (diesem einen der drei Great Public Buildings), da ich seit Jahren den eindringlichen Titel des Romans von Elizabeth Smart im Ohr habe: *By Grand Central Station I Sat Down and Wept,* dann auf der 42nd Street westwärts an der New York Public Library (dem zweiten der drei Great Public Buildings) vorbei bis Times Square (den ich ebenfalls aus einem Roman kannte: *The Cricket in Times Square)* und dann wieder südwärts Richtung Downtown, den Broadway entlang bis Union Square, wo ich meine Verlagskollegen von Farrar, Straus & Giroux und Steiner Books traf: ein kleines magisches literarisches Dreieck im Herzen Manhattans. Was mich aber als Engländer und Wahldeutscher am nachhaltigsten bei diesem ersten Besuch in den USA beeindruckte, war nicht so sehr die Feststellung, dass nicht alles aus Glas, Stahl und Hochhäusern besteht und dass viel Schatten in den Straßen herrscht, sondern es waren zwei Worte, die ich

immer wieder zu hören bekam: *You're welcome.*
In Deutschland sagt man inzwischen einfach
bitte, nichts zu danken oder immer häufiger *kein*
Problem. In England: *don't mention it* oder *my*
pleasure. Aber *you're welcome* ist viel verbind-
licher und freundlicher. Und auf mich wirkte diese höfliche Redewendung nicht leer oder
bloß phrasenhaft, sondern tatsächlich wie eine
herzliche Willkommensadresse, die für mich
persönlich gemeint war.

Das Licht sehen

«Die Welt ist alles, was der Fall ist.» Das ist der *erste* Satz des 1918 beendeten und 1921 in Ostwalds *Annalen der Naturphilosophie* erschienenen *Tractatus logico-philosophicus.* Der 1889 geborene junge Wiener Denker, Ludwig Wittgenstein, sollte bald darauf mit dieser einzigen zu Lebzeiten veröffentlichten «logisch-philosophischen Abhandlung» eine der prägendsten Gestalten der Philosophie im 20. Jahrhundert werden. Als «Lehrbuch» sei das Werk allerdings nicht gedacht, bekennt er im Vorwort. Nur der werde es vielleicht verstehen, «der die Gedanken, die darin ausgedrückt sind – oder doch ähnliche Gedanken – schon einmal gedacht hat». Und dem *letzten,* mit der Ordnungsnummer 7 versehenen Satz – das ganze epochemachende Werk besteht also streng genommen aus sieben Hauptsätzen – greift Ludwig Wittgenstein vor, indem er im Vorwort erklärt, dass man den *ganzen Sinn des Buches* in die folgenden Worte fassen könnte: «Was sich überhaupt sagen lässt, lässt sich klar sagen; und wovon man nicht reden kann, darüber muss man schweigen.» «Schweigsam» ist auch das Licht. Wir sehen es nicht. Wir sehen das von ihm Beleuchtete, und was das Licht selbst ist, ist immer noch, nach Albert Einstein, ein großes Rätsel.

Offenbar gab es für den Schöpfer dieser Welt keine andere oder schönere Möglichkeit, die wunderbare Einheit der uns umgebenden und bewegenden Mannigfaltigkeit zu zeigen, als durch das Licht. Und in jedem Gesicht dieser Welt sehen wir verdichtet und versinnbildlicht den aufscheinenden Erleuchter.

Als der Fotograf Michael Martin in die Wüste zog, die Sterne zu beobachten, und die überwältigende Schönheit des Lichts entdeckte, hat er vielleicht auch etwas von diesem Geheimnis empfunden.

Das leben verstehen

Wilhelm-Ernst Barkhoff, Begründer und – bis an sein Lebensende am 30. September 1994 – Ideengeber der anthroposophisch orientierten Bankarbeit, insbesondere der *Gemeinschaftsbank für Leihen und Schenken* (GLS), war unentwegt bemüht, Bilder einer lebendigen, menschenwürdigen Zukunft zu entwerfen. Nicht dass ihm das Leben, so wie es ist, fremd oder nur eine Last war. Als Rechtsanwalt kannte er wohl die Verstrickungen menschlicher Beziehungen in all ihrer Rätselhaftigkeit und oft genug erscheinenden Ausweglosigkeit, zugleich schätzte und genoss er auch die unzähligen Freuden des Lebens. Ihn trug aber eine tief verwurzelte zweifache Überzeugung durch das Leben: zum einen in Bezug auf die Liebefähigkeit des Menschen, zum anderen in Bezug auf seine zukunftschaffende, schöpferische Fantasie.

Für Wilhelm-Ernst Barkhoff war die Liebe nicht nur ein Gefühl, das einen überwältigt, etwas, demgegenüber wir als Liebe-Empfindende mehr oder weniger machtlos sind. Liebe war für ihn eine tätige Kraft des einzelnen Menschen, die jede und jeder selbst aufbringen und gestalten kann. *Wir können lieben, wen wir wollen*, war seine tiefe Überzeugung – und so heißt auch der aus dem Nachlass herausgegebene Band mit seinen Aufsätzen und Vorträgen zur werktätigen sozialen Erneuerung.

Als Zweites beseelte ihn auch eine Kraft, die alle Zukunftsängste nach und nach zu überwinden weiß. Er drückte dies in einem Axiom des in der Welt schöpferisch tätig sein wollenden Menschen aus:

«Die Angst vor einer Zukunft, die wir fürchten, können wir nur überwinden durch Bilder einer Zukunft, die wir wollen.»

Auch das heißt: das Leben verstehen.

Nicht müde werden

Das ist leicht gesagt. Leichter gesagt als getan. Für die, die Arbeit haben, scheint sie sich wunderbar und unendlich zu vermehren. Für die, die keine haben, ist es vermehrt das Nichts-tun-Können, das nagt und ermüdet. Müde werden des zu Vielen, müde werden des zu Wenigen. – «Nicht müde werden», schreibt die Dichterin Hilde Domin zu Beginn eines nur fünf Zeilen umfassenden Gedichtes.

Ist aber ein Ziel für das eigene Tun vorhanden, kann eine Idee mit Begeisterung ergriffen werden, so wird uns die Müdigkeit nicht über das natürliche Maß hinaus belasten. Aber wie empfänglich sind wir für die Kraftquellen des Geistes, die sich in Zielen und Ideen ergießen können? Wie kommen wir ihnen entgegen? – Mit der offenen, hingehaltenen Hand, schreibt die Dichterin. Im Geiste ist das die Aufmerksamkeit. Wie man einem Vogel die Hand hinhalten kann, so können wir im Geiste aufmerksam werden.

Über Ostern besuchte ich meine Mutter und

meine pflegebedürftige Großmutter in Paris. In ihrem Garten hingen einige Futterbällchen in einem blühenden Zierapfel – und alle Spatzen der Stadt tummelten sich dort.

Auf die Welt zugehen und auf das Wunder warten können – nicht laut, sondern leise –, darin sollten wir nicht müde werden, schreibt die Dichterin. Begabt kann jeder Mensch damit werden, mit dem Geiste, dem die Müdigkeit überwindenden, heilenden, ja heiligen Geiste. Das sagt auch das Evangelium.

Hat alles einen Sinn?

Wenn ich für eine Strecke im Auto vier Stunden brauche statt der üblichen eindreiviertel Stunden, weil ich von einem Stau in den nächsten gerate – hat das einen Sinn? Wenn ich die gleiche Strecke nochmals fahren muss, weil meine Produkte einem neuen Kunden unglücklicherweise ohne verabredete Preisetiketten geliefert wurden und ich dem Kunden nicht zumuten will, sie nun selbst an die Ware anzubringen – hat das einen Sinn? Wenn ich nach dem Besuch einer schönen, der Kunst des Wortes gewidmeten Rezitation von moderner Lyrik beim Heimweg hinfalle und mir das Handgelenk so breche, dass ich operiert werden und für mindestens zwei Wochen im Krankenhaus liegen muss – hat das einen Sinn? Wenn ich in der S-Bahn sitze und, statt zu dösen, in die Leere oder aus dem Fenster zu schauen, mein Gegenüber anblicke und sie überraschenderweise lange meinen Blick erwidert, sodass wir uns dann schließlich lächelnd doch der Leere oder der vorbeiziehenden Landschaft widmen –

hat das einen Sinn? – Haben die mächtige Eiche, der prächtige Löwenzahn, das zarte Grün im Frühling, der gleitende Bussard, das Elend in Birma oder China oder in Amstetten einen Sinn?

Eine nicht unpassende Antwort auf unsere eingangs gestellte Frage wäre schlicht: Ja und nein. – Ja, alles hat einen Sinn – man muss nur lange genug nach ihm suchen. Nein, nichts hat einen Sinn – alles muss erst einen Sinn *erhalten*: von uns selber, vom denkenden, sinnstiftenden Menschen. Kein Sinn der Dinge oder Ereignisse ist vorgegeben. Aller Sinn muss tätig erschaffen oder gegeben werden. Darin zeigt sich der Schöpfer im Menschen. Und wenn wir Sinn schließlich wahrnehmen, ist es wie beim Lächeln eines Kindes: Es ist so schön, hier zu sein.

Der Wind bläst, wo er will

«Der Wind bläset, wo er will, und du hörest sein Sausen wohl», heißt es im dritten Kapitel des Johannes-Evangeliums, «aber du weißest nicht, von wannen er kommt und wohin er fähret.» – Warum Christus seinem nächtlichen Besucher, Nikodemus, in einem Gespräch über die Wiedergeburt vom Wind erzählt, erklärt er im anschließenden Vers: «Also ist ein jeglicher, der aus dem Geist geboren ist.» Im griechischen Urtext steht aber für «Wind» wie für «Geist» *ein* Wort: *pneuma*. Und so kennen wir auch den Anfang dieser Passage in dem Ausdruck: Der Geist weht, wo er will. – Wohin aber weht der Geist? Und: Was war das einst für ein Weltgefühl, in dem Wind und Geist als eines empfunden wurden?

Mit dem Geist, wenn er mir in menschlicher Gestalt entgegentritt, kann ich im Gespräch sein. Mit dem Geist kann ich inspiriert sein. Und mit dem Wind …? Die Natur erleben wir zunächst als *geistlos,* die Naturerscheinungen seit geraumer Zeit zumindest als *geistentleert.* Zur Zeitenwende waren aber noch in einem Wort Geist und Wind gemeinsam angesprochen.

Wenn heute versucht wird, mit dem Wind eine neue, «erneuerbare» Quelle von Energie zu erschließen, muss der Mensch viel «Geist» aufbringen. Die dafür notwendige und noch in Entwicklung befindliche Technologie erfordert sehr subtile Überlegungen und präzise Beobachtungen. Was in den Bemühungen einer solchen bemerkenswerten Windkraftingenieurin wie Anja Meyer durchklingt, ist der Beginn einer neuen Suche eines Gespräches mit der Natur. Freilich wird uns diese Suche durch die absehbare Erschöpfung unserer herkömmlichen Energiequellen – Kohle, Gas und Öl – aufgezwungen, deren Vorkommen endlich sind. – Wo aber finden wir die Quellen des Unerschöpflichen?

E. M. Cioran, der rumänisch-französische penible Beobachter der Widrigkeiten des Lebens, bemerkte einmal in seinen Aufzeichnungen *Vom Nachteil geboren zu sein,* wie der Dichter Paul Claudel wenige Tage vor seinem Tod zum

Ausdruck brachte, dass Gott *nicht unendlich,* sondern *unerschöpflich* sei.

Der Geist ist es, der uns zum Unerschöpflichen wieder hinführen wird, auch in der Natur. Der Wind.

Wir sind da

So manche Wende im Leben ist nicht vorhersehbar. Als die in Washington arrivierte junge Rechtsanwältin Carolyn Jourdan eines Tages den Anruf ihres Vaters erhält mit der Bitte, sie möge einige Tage in seiner Landarztpraxis aushelfen, da ihre Mutter, die sonst immer Rezeption und Buchhaltung besorgte, einen Herzinfarkt erlitt, ahnt sie nicht, welche Wendung ihr Leben nehmen wird. Die erfolgsverwöhnte und auf dem politischen Parkett gewandt agierende Rechtsanwältin erlebt in der Praxis ihres Vaters zunächst chaotische Tage, skurril wirkende, um Hilfe flehende Patienten und vor allem ihr eigenes Unvermögen.

Nach einem Monat ist sie immer noch nicht nach Washington zurückgekehrt. Wie verloren starrt sie einmal draußen in die Winterlandschaft, als ein alter Freund sie sieht und fragt, was sie denn da mache. «Ach, gar nichts», antwortet sie, – wie sie in ihrem wahrlich zu Herzen gehenden Bericht einer Lebenswende *Das Herz am rechten Fleck* erzählt – «ich verstecke mich wohl», und versucht zu lächeln. «Wovor versteckst du dich?», fragt der Freund Fletcher. «Vor meinem Leben.» Und als dieser sie verwirrt anschaut, erklärt sie: «Schon mal versucht auszurechnen, wie viel man von jemandem dafür verlangen soll, dass man ihm sagt, er müsse sterben?»

Immer wieder muss sie erleben, dass sie und ihr Vater den Tod oder die Schmerzen eines ihrer Patienten nicht verhindern beziehungsweise nicht nachhaltig lindern können. Auf ihre Verzweiflung hin hat aber ihr Freund eine tief gehende Erfahrung mitzuteilen:

«Einfach da zu sein, ist manchmal das Beste, was wir für jemanden tun können, und die traurige Wahrheit ist, dass es manchmal auch das Einzige ist. Und wenn wir einmal nicht wissen, wie wir etwas für andere tun können, können wir doch zumindest für sie da sein. Aber das braucht Mut. Alles braucht Mut. Man braucht Mut, wenn man sich um Menschen kümmert. Doch was soll man sonst tun?» – Ein neuer Sinn für ihr Leben und die Arbeit ihres Vaters geht Carolyn Jourdan auf: Wir sind da.

Für dich will ich leben

«Die zu Beginn des Krieges starben, waren wohl besonders vom Schicksal begünstigt, so will es mir fast scheinen», schreibt der unerwartet zum Obergefreiten beförderte Theodor Beltle am Ende des sechsten Kriegsjahres 1944 an seine Erika, die er bei einem lang ersehnten Urlaub von der Front im Mai geheiratet hatte. «Auch ich würde dem Tod nicht aus dem Wege gehen, wenn es nicht für Dich wäre. Für Dich will ich leben, Du meine liebe Frau, und wenn es im tiefsten Dunkel wäre. Bin ich an deiner Seite, mag ‹die Welt voll Teufel sein› – *wir werden es schaffen!*»

Er, Theodor Beltle, ist gerade 31 Jahre alt geworden, sie, Erika, ist 23, als diese Zeilen geschrieben und gelesen wurden – mitten im verwüsteten Europa. Es ist ein zutiefst bewegendes Erlebnis, aufgrund des aus diesen langen Kriegsjahren geretteten Briefwechsels das unerschütterliche Vertrauen wahrzunehmen, das diese beiden jungen Menschen in ihr gemeinsames Leben und ihre Liebe haben: «Wir werden es schaffen!»

Viele schafften es nicht, aus diesem Krieg lebend in ihre Heimat zurückzukehren ...

Heute, in Zeiten des «Friedens» – wie wir sie wohl erleben – kann der Tod uns so unfassbar plötzlich berühren und niederschmettern, dass wir gar keine Zeit haben, ihn in den Blick zu nehmen, ihm zu trotzen. In Winnenden taucht an einem grauen Mittwochmorgen ein 17-Jähriger in seiner alten Schule auf und erschießt sechs Mädchen und einen Jungen. Zwei weitere Mädchen sterben auf dem Weg ins Krankenhaus an ihren Schussverletzungen, drei Lehrerinnen werden ebenfalls erschossen. Weitere drei Erwachsene werden von Tim K. an diesem 11. März 2009 erschossen, bevor er sich selbst tötet.

Wie leben wir mit diesem Sterben, mit diesem Tod? Grenzen machen sich bemerkbar, die wir sonst nicht wahrnehmen, an die wir sonst nicht denken. Doch sind sie allenthalben da. Aber es gibt nicht nur den Tod. Es gibt auch die Geburt. Und es gibt auch die Kraft der Liebe, die beide miteinander verbindet und die allein den Glauben stärkt und begründet: Wir werden es schaffen.

Verstohlen geht der Mond auf ...

... blau, blau Blümelein! durch Silberwölkchen führt sein Lauf, Rosen im Tal, Mädel im Saal, o schönste Rosa! Kein Geringerer als Johannes Brahms beginnt und beendet sein bis ins kleinste Detail bedachtes großes kompositorisches Lebenswerk in Anknüpfung an das Volkslied. In seiner ersten Klaviersonate in C-Dur mit der Opus-Nummer 1 – die er 19-jährig komponierte – verwendet er im zweiten Satz die alte deutsche Minneweise «Verstohlen geht der Mond auf». Und wenige Jahre vor seinem Tod, am 3. April 1897, bearbeitet er 49 «Deutsche Volkslieder», die in sieben Hefte à sieben Lieder im Jahr 1894 erscheinen. Das letzte der letzten sieben Volkslieder (für gemischten Chor und Klavierbegleitung) mit der Nummer 49 ist wieder *Verstohlen geht der Mond auf.* An Clara Schumann, die ein Jahr vor ihm am 20. Mai 1896 starb, schrieb er über seine Arbeit:

«Ist Dir wohl aufgefallen, dass das letzte der Lieder in meinem Opus 1 vorkommt? Ist Dir auch etwas eingefallen dabei? Es sollte eigentlich was sagen, es sollte die Schlange vorstellen, die sich in den Schwanz beißt, also symbolisch sagen: die Geschichte sei nun aus, der Kreis geschlossen.»

An einen anderen ihm ebenfalls früh sehr nahe stehenden Freund, den Geiger Joseph Joachim, schreibt Brahms am 14. Oktober 1894: «Mit so viel Liebe, ja Verliebtheit, habe ich noch nie etwas zusammengeschrieben, und ich konnte ja ungeniert verliebt sein – in etwas Fremdes.»

Die Volkslieder waren nicht *seine* Schöpfungen, insofern waren sie tatsächlich «etwas Fremdes», und doch machte er sie zu seinem eigenen. Im Volkslied fühlte Brahms sein Leben umschlossen, geborgen. Vielleicht spürte er auch etwas von jener Wahrheit, der Goethe mit den Worten Ausdruck gab:

«Der ist der glücklichste Mensch, der das Ende seines Lebens mit dem Anfang in Verbindung setzen kann.»

Was kann nicht alles in den Liedern unserer Kindheit und Jugend für uns an Kraft, Geborgenheit und Glück für das spätere Leben liegen! Aber wie viel singen wir noch? Und wie viel singen unsere Kinder? – Wie schön, dass es Menschen wie Beatrice Werner gibt, die erneut und mit Fantasie und Enthusiasmus die Kultur des Singens in der Kindheit anregen und pflegen! In dieser elementaren künstlerischen Eigenbetätigung lebt doch eine bedeutsame Ausdrucksform unserer Menschlichkeit und Seligkeit.

Kraftwerk Schiller

«Schiller – ein Kraftwerk der Anregungen auch für seine Gegner.» So Rüdiger Safranski im Vorwort seiner Biografie *Friedrich Schiller oder Die Erfindung des Deutschen Idealismus.* Und bedeutende Gegner hat der Autor der *Räuber* durch seine wortgewaltige Leidenschaft für das Abenteuer der Freiheit in der Tat zur Genüge gehabt. Herzöge, Könige, Kaiser wollten seiner immer wieder habhaft werden, oder sie verboten die Aufführung seiner Dramen. Selbst der universell veranlagte Goethe hatte eine heftige Abneigung gegen die aufbrausende, in Ideen dominierende Art des zehn Jahre jüngeren Dichterkollegen. Doch letztlich konnte man an Schiller nicht vorbei, konnte man nicht dauerhaft sein Gegner bleiben – dafür sprach er zu sehr aus der Mitte des Menschen heraus, aus dem durch Ideen erleuchteten Herzen.

«Die Hälfte meines Daseins», schreibt Goethe am 1. Juni 1805 an seinen Freund Zelter nach Berlin, habe er mit dem Tod Schillers am 9.

Mai 1805 «verloren». Wir, die nach seinem Tod geboren wurden, können Schiller dennoch begegnen und ihm sogar nahe kommen. Dreifach erschließt Friedrich Schiller die Kraft menschlicher Existenz in einer von Tod und Erschöpfung bedrohten Welt: durch seine Ideen, durch seine Sprache und durch seine dramatischen Handlungen. Vielleicht macht sich dann eine ähnliche Einsicht in uns fühlbar, wie die, die Schiller in seinem letzten Brief an Wilhelm von Humboldt zum Ausdruck brachte:

«Und am Ende sind wir ja beide Idealisten und würden uns schämen, uns nachsagen zu lassen, dass die Dinge uns formten und nicht wir die Dinge.»

Wir haben alle Zeit der Welt

Das ist für viele von uns heutzutage nicht gerade einleuchtend: «Wir haben alle Zeit der Welt.» Weder im privaten noch im öffentlichen Leben wären wir geneigt, dies von uns mit Überzeugung zu behaupten. Vielfach hecheln wir Terminen entgegen, wenn nicht gar hinterher. Und selbst die Erde scheint ihre unendliche Geduld mit den Menschen nicht mehr aufrechterhalten zu können: Der Klimawandel kann nicht warten auf die Einsicht der Menschen.

Aber wie wäre es, wenn wir beginnen würden, so zu leben und zu handeln, als ob wir alle Zeit der Welt hätten? Müssten wir deshalb unpünktlich und träge werden? Könnten wir keine Termine mehr einhalten?

Abends, wenn ich unter dem Nachthimmel eine Zigarette rauche oder in meinem Zimmer einem Gedanken im Stillen nachsinne, habe ich im Gefühl tatsächlich «alle Zeit der Welt», obwohl beide Tätigkeiten zeitlich begrenzt ablaufen. In beiden Fällen wird die Zeit nicht *außerhalb,* als einem Fremdes erlebt, sondern vielmehr *innerhalb,* der eigenen Tätigkeit wie «innewohnend».

In jeder sinnvollen Tätigkeit können wir ein eigenes Zeitmaß entdecken: Sie gibt sich ihre eigene Zeit selbst vor. Die Empfindung, in permanenter Zeitnot leben zu müssen, ist nur Ausdruck ungenügender Einsicht und mangelnden Selbstvertrauens. Wie anders fühlt sich mein Leben an, wenn ich es danach ausrichte, alle Zeit der Welt wirklich haben zu können. Wie anders wäre die Welt, wenn wir alle danach handelten! Es muss nur die in jeder sinnerfüllten Handlung eigene Zeit gefunden werden. Sie ist es, die im Verborgenen zunächst unerschöpflich ist.

Finde ich zu mir, so habe ich alle Zeit der Welt.

Man muss weggehen können

Es ist die erste Zeile des ersten Gedichtes ihres ersten Gedichtbandes, *Nur eine Rose als Stütze*, von Hilde Domin, der 1959 erschien, als sie bereits fünfzig Jahre alt war: «Man muss weggehen können …» Acht Jahre zuvor, 1951, hatte ihre «Geburt als Dichterin» stattgefunden. Sie, die am 27. Juli 1909 das Licht der Welt erblickte, hat zweiundvierzig Jahre gebraucht, um sich als Dichterin finden zu können. Ohne «wegzugehen» wäre sie vielleicht gar nicht dahin gekommen.

1932 war die gebürtige Kölnerin ausgewandert, ein Jahr vor der Machtergreifung Adolf Hitlers. Erst 1954 kehrte sie nach Deutschland zurück, übte, im Verborgenen noch, drei Jahre lang bereits ihren spät ergriffenen Beruf als Dichterin aus: «Man muss weggehen können / und doch sein wie ein Baum …»

Wie schwer kann es einem fallen, wegzugehen oder auszuziehen, an einem fremden Ort zu verweilen oder selbst in seine Geburtsstadt oder in das Ferienhaus seiner Kindheit nach vielen

Jahren zurückzukehren! Wie schwer wiegt das Vertraute in der eigenen Biografie!

Weggehen zu können bedingt aber auch, jemanden losziehen lassen zu können. Drohen nicht dabei Teile der eigenen Identität verloren zu gehen? Wie sind wir doch mit denen, die wir lieben, zusammengewachsen! Aber hat nicht Identität mit «Individualität», mit dem Unteilbaren zu tun? «Man muss weggehen können / und doch sein wie ein Baum: / als bliebe die Wurzel im Boden ...»

Vielleicht geht es nicht anders als mit den Mitteln der Dichtung, das auszudrücken, worauf es letztlich ankommt: Bewusstsein von der Wurzel des eigenen Daseins schaffen, den Boden entdecken und bestellen, um als «Baum» bestehen zu können.

Wenn wir in allen Bewegungen des Schicksals, in allen Ein- und Auszügen des Lebens uns zu Hause fühlen wollen, wo wir auch sein mögen, gibt es nur eine Quelle, die der Wurzel unserer Existenz Leben verleihen kann – jene Kraft in uns, die zur tragenden Gewissheit führt: «Ich bin».

«Man muss weggehen können / und doch sein wie ein Baum: / als bliebe die Wurzel im Boden, / als zöge die Landschaft und wir ständen fest.»

Am Anfang war das Glück

Am Anfang war das Glück. Möglicherweise ist dieser Satz, wenn überhaupt, nur unvollkommen zu verteidigen und noch schwerer zu begründen. Doch drängt er sich mir schon seit geraumer Zeit auf. Ich weiß auch, bei welchem Anlass er sich bei mir bemerkbar machte. Es war bei einer wiederholten Lektüre der Autobiografie Rudolf Steiners *Mein Lebensgang.* Wenig mehr als ein Jahr vor seinem Tode am 30. März 1925 beginnt er für die Wochenschrift *Das Goetheanum* über sein Leben zu schreiben: am 9. Dezember 1923 erscheint die erste Folge, am 5. April 1925 posthum die siebzigste und letzte Folge mit der Zugabe «Fortsetzung in nächster Nummer». In der dritten, zu Weihnachten 1923 erscheinenden Folge erzählt Rudolf Steiner, wie er im achten Lebensjahr nach Neudörfl, einem kleinen ungarischen Dorfe, in dem sein Vater die Bahnstation zu besorgen hatte, in die Schule kam. Bei dem Hilfslehrer entdeckt er ein Geometriebuch.

«Ich stand so gut mit diesem Lehrer, dass ich

das Buch ohne Weiteres eine Weile zu meiner Benutzung haben konnte», erzählt Rudolf Steiner im Rückblick und fährt fort: «Mit Enthusiasmus machte ich mich darüber her. Wochenlang war meine Seele ganz erfüllt von der Kongruenz, der Ähnlichkeit von Dreiecken, Vierecken, Vielecken; ich zergrübelte mein Denken mit der Frage, wo sich eigentlich die Parallelen schneiden; der pythagoräische Lehrsatz bezauberte mich.» – Und nun folgt die entscheidende Selbstbesinnung: «Dass man seelisch in der Ausbildung rein innerlich angeschauter Formen leben könne, ohne Eindrücke der äußeren Sinne, das gereichte mir zur höchsten Befriedigung. Ich fand darin Trost für die Stimmung, die sich mir durch die unbeantworteten Fragen ergeben hatte. Rein im Geiste etwas erfassen zu können, das brachte mir ein inneres Glück. Ich weiß, dass ich an der Geometrie das Glück zuerst kennengelernt habe.»

Wann hast du zuerst das Glück kennengelernt?, fragte ich mich, als ich diese Schilderung bewusst entgegennahm. Vielleicht ergäbe sich für jeden Menschen eine vielsagende, grundlegende

Signatur der eigenen Biografie, wenn dieses erste Kennenlernen des Glücks erkannt werden könnte. Für Rudolf Steiner eröffnete sich an der Geometrie das Tor von der eigenen geistigen Einsamkeit in die geistige Gemeinschaft mit der Welt, wie er dies für die Anthroposophie ebenfalls wenige Monate vor seinem Tode im ersten seiner «Leitsätze» formulierte:

«Anthroposophie ist ein Erkenntnisweg, der das Geistige im Menschenwesen zum Geistigen im Weltenall führen möchte.»

Durch Rudolf Steiners ganzes Leben, das am 27. Februar 1861 in Kraljevec auf der Murinsel im heutigen Kroatien begann, und durch sein ganzes rastloses Wirken zieht sich wie ein roter Faden dieses: uns an seinem Glück teilnehmen zu lassen, damit wir auch unser Glück finden und erkennen können.

Die Welt ist eine Arche

«Die Welt ist eine Arche Noah auf dem Meer der
Ewigkeit, die all die endlosen Paare der Dinge in sich trägt, unvereinbar und untrennbar.»
Dies entnehme ich dem *Jüdischen Kalender* für
das Jahr «Fünftausendsiebenhunderteinund-
siebzig» – also für die Zeit vom 9. September
2010, dem Beginn des jüdischen Neujahrs 5771,
bis zum 28. September 2011, dem Vorabend des
folgenden neuen Jahres 5772 –, den Henryk M.
Broder und Hilde Recher für den Ölbaum Verlag
herausgeben. Das Zitat stammt von der 1923 in
New York geborenen jüdischen Fotografin Diane
Arbus und wird als Eintrag für den 26. Juli mit
einem zweiten Satz fortgeführt: «Und mit der
unaussprechlichen Nostalgie, die es gibt, wird
sich die Hitze immer nach der Kälte sehnen, und
das Hinten nach dem Vorne, und das Lächeln
nach den Tränen, und das Nein nach dem Ja.»
Von den Herausgebern erfahren wir, dass
Diane Arbus sich in der Welt der Extreme am
wohlsten fühlte: «In ihren Werken spielte das

Unvollkommene, das Randständige und das Absurde eine zentrale Rolle – selbst dann, wenn sie schlichte Alltagsszenen ablichtete. Der Erfolg war auf ihrer Seite, sie arbeitete für alle großen internationalen Magazine … vor 40 Jahren, am 26.07.1971, nahm sich die von Depressionen geplagte Fotografin in New York das Leben.»

In einer anderen Art von Kalender, dem Almanach *Weisheit und Liebe – Erfahrungen des Geistes Tag für Tag von Rudolf Steiner*, den ich für den Futurum Verlag herausgegeben habe, lese ich erneut den Anfang des Eintrags für den 10. Juli: «Liebevoll das Leben ergreifen und nicht philiströs Zusammenhänge ablehnen, die keine andere Bedeutung haben, als dass sie eben weit auseinander Liegendes zusammenfassen, nur um das Ich zu bereichern, das bringt uns Stärke.»

In den letzten Jahren ihres Lebens hegte Diane Arbus den Gedanken, ihr fotografisches Werk in einem neuartigen «Familienalbum» gipfeln zu lassen, wobei sie allerdings auch die Überzeugung vertrat, dass alle Familien irgendwie unheimlich seien – «all families are creepy in a way»!

Ich frage mich nun bei so weit auseinander Liegendem, das zur Stärkung des Ich zusammengefasst werden sollte, und bei all den endlosen Paaren der Dinge, die die Welt als Arche Noah bergen sollte, zu welchem Paar ein jedes menschliches Ich wohl gehören kann …!?

Mit schwerem Koffer im Regen

Das Leben birgt viel mehr Sinn, als uns meist bewusst ist. Doch ihn zu finden, erfordert Aufmerksamkeit und – ja auch: Phantasie. Selten lässt sich der Sinn eines Augenblickes, eines Ereignisses oder einer Lebenszeit passiv, ohne unser inneres Zutun, einfach so auffinden. Er muss *realisiert* werden, sagen die Engländer, und das heißt wörtlich: *verwirklicht*, in die Wirklichkeit des aufmerksamen und schöpferischen, denkenden Bewusstseins geholt werden.

2006 machte ich mich auf den Weg zur Frankfurter Buchmesse – mit schwerem Koffer. Ich ging zu Fuß zur U-Bahn und es fiel ein starker Regen. Auf meinem Weg kam ich an einem Walnussbaum vorbei mit übergroßen, schönen Walnüssen. Am frühen Morgen lagen etliche von ihnen dank des Regens und nächtlichen Windes auf der Straße. Bald würden sie den schweren Autoreifen zum Opfer fallen. Schon ziemlich durchnässt schleppte ich mich mit dem schweren Koffer vorwärts. Aber ich hielt dennoch inne.

Sammelte einige der wohlgeformten Walnüsse ein und setzte mich kurze Zeit später in die U-Bahn. Ich musste über mich schmunzeln. Das kleine Ereignis aber gab dem ganzen grauen, nassen Tag Licht und Wärme.

Später fasste ich das unscheinbare Geschehen, das nur allzu leicht gar nicht stattgefunden hätte, in drei kurzen Zeilen nach Art eines japanischen Haiku zusammen:

Mit schwerem Koffer
im Regen – zwei Taschen voll
nasser Walnüsse

In jedem Augenblick

Als der ungarische Philosoph Georg Kühlewind am 15. Januar 2006 in seiner Geburtsstadt Budapest starb, blieb seine Arbeit an seinem letzten Buch über «das leere Bewusstsein» Fragment. Geschult in den Methoden und Inhalten der klassischen Philologie und griechischen Mythologie wie auch in den Phänomenen und Theorien der physikalischen Chemie, über die er als Professor an der Technischen Universität in Budapest lehrte, wandte er sich 1979 mit fünfundfünfzig Jahren der Philosophie und anthroposophischen Geisteswissenschaft als freier Autor und Vortragender zu. Drei Jahre zuvor war sein erstes Buch im Westen erschienen: *Bewusstseinsstufen – Meditationen über die Grenzen der Seele*. Es war ein gewagter Schritt für einen, der «hinter» dem «Eisernen Vorhang» lebte, und damals nur unter dem Pseudonym «Georg Kühlewind» möglich, ohne sich allzu sehr zu gefährden.

Einige Seiten nur vom ersten von vier Teilen

seines letzten Buches hatte also Georg Kühlewind dreißig Jahre nach seinem ersten Buch verfasst gehabt, als er starb. Sie handeln vom «leeren Bewusstsein im Alltag» und von der «geistigen Struktur des Menschen und der Welt». In seinen Notizheften aber hatte er einiges an Beobachtungen und Gedanken, Zitaten und Übungen im Hinblick auf das vorgenommene Buch festgehalten. In dem 17. und letzten Notizheft, das im Verlag Freies Geistesleben im Dezember 2011 als Buch unter dem Titel *Licht und Leere. Das letzte Notizheft und ein Fragment* erschienen ist, finden sich sieben Zeilen, wie sieben Stufen zum Gewahrwerden der Gegenwart. Jede Stufe ist eine freie Eroberung des erkennenden und schöpferisch tätigen Menschen zur Welt hin und zu sich selbst:

- In jedem Augenblick: Anfang
- Hebe deinen Blick
- Wir wachsen von oben
- Dies alles ist Licht
- Du bist
- Aufmerksamkeit – Welt
- Aufmerksamkeit *ist* Gegenwart.

Lebenskunst

Rätselhaft und schmerzvoll mag uns das sich verbreitende Phänomen berühren, dass so viele Menschen ihr Erinnerungsvermögen verlieren. Sie erscheinen einem dann, wie wenn sie ihres Selbstes beraubt und ohne Orientierung im eigenen Leben wären.

Bemerkenswert ist die Wende, die Sophie Rosentreter in ihrem Leben herbeiführte. Aus der gelebten Nähe zu ihrer Großmutter widmet sie sich dem Schicksal an Demenz erkrankter Menschen. Und ein goldenes Wort fürs Leben hat sie für uns ausgesprochen: Nicht darauf kommt es an, was du im Leben erreicht hast, sondern wen du erreicht hast.

Sie hat erfahren, dass auch demente Menschen erreicht werden können, wenn wir nur die richtigen Mittel dazu finden.

Ein Mittel ist die Kunst. Ohne diese Erfahrung könnte es verwundern, warum die alten Griechen der Anschauung waren, dass die neun Musen die Töchter der Mnemosyne seien.

So wie sie, die der göttlichen «Erinnerung» entstammen, die Künste inspirieren, führen die Künste wieder zur Erinnerung. Einmal versuchte ich diese Beziehung in dem von mir 1999 herausgegebenen Buch *Wirken im Zeichen von Kunst, Wissenschaft und Religion* darzustellen: «Im Urbeginne ist die Erinnerung – Ein verborgener Zusammenhang zwischen Kunst und Religion».

Worum geht es im Leben?

Naivität ist nicht unbedingt eine Eigenschaft, die einer nachgesagt bekommen möchte. Und doch – als einmal der deutsche Philosoph Johann Gottlieb Fichte mit dem Berliner Prediger Friedrich Severin Metger und dem dänischen Dichter Adam Gottlob Oehlenschläger im Gespräch war, reklamierte ausgerechnet der vielgerühmte wie vielgescholtene Begründer der «Wissenschaftslehre» – mit ihrer epochemachenden «Tathandlung»: Das Ich setzt sich selbst. – die Eigenschaft, *naiv* zu sein, für sich.

«Nein, vergeben Sie gütigst, Herr Professor,» sagte der sanfte, bescheidene, aber auch wahrheitsliebende, charakterfeste Metger, wie Oehlenschläger in seiner Selbstbiographie berichtet, «naiv sind Sie nicht!» – «Was!», rief Fichte, «bin ich nicht naiv? Was sagen Sie dazu, Oehlenschläger?» – Und Oehlenschläger antwortete: «Wenn Naivität darin besteht, ein eignes Naturell ohne Rücksicht auf Konvenienz, mitunter schnell, ohne Reflexion, zu äußern, so kann man Ihnen gewiss nicht Naivität absprechen. Ich denke, ein jedes Genie, selbst ein philosophisches, muss etwas Kindliches, Unbewusstes haben, sonst mangelt ihm die Grazie.» Gegen diese Antwort hatte der große Philosoph, nach Oehlenschläger, nichts einzuwenden.[*]

Mich dünkt, sowohl Ulrich Wickert, der uns als «Mister Tagesthemen» noch in warmer Erinnerung ist und sich heute vielfach für eine gerechtere Welt engagiert, wie auch die fünf Frauen der Band «Kick La Luna» hätten nichts dagegen, in diesem Sinne als naiv zu gelten. Dadurch erhalten sie sich die für das Wirken in der Welt so notwendige Grazie, den Charme.

[*] Aufgelesen in *Fichte im Gespräch*, Band 3: 1801–1806, herausgegeben von Erich Fuchs in Zusammenarbeit mit Reinhard Lauth und Walter Schieche, frommann-holzboog, Stuttgart Bad-Canstatt 1981.

Pause!

Wie habe ich mich als Schüler darauf gefreut: Pause! Nicht, weil mir der Unterricht zu anstrengend, langweilig oder öde war. Nein, ich rechnete gern, schrieb gerne Arbeiten und lauschte insbesondere mit großer Aufmerksamkeit den Erzählungen und Geschichten meiner Lehrer. Aber in der Pause konnte ich mit meinen Klassenkameraden spielen!

Zweimal im Stundenplan durften wir Schüler über einen etwas längeren Zeitraum selbst über uns bestimmen: in der Pause nach den ersten zwei Stunden des Hauptunterrichts eine gute Viertelstunde, und nach dem gemeinsamen Mittagessen (ich ging in England in die Schule) über eine halbe Stunde lang.

Wie haben wir das Spielen geliebt – Jungs wie Mädchen, zumindest bis etwa zur 6. oder 7. Klasse, als die Mädchen dann lieber unter sich sein wollten, um nur zu reden ... Wie haben wir sie geliebt, die verschiedenen Versteckspiele, Fangspiele, Seil- und Ballspiele, inklusive Fußball mit einem Tennisball! Mit glühenden Wangen und oft außer Atem kehrten wir wieder in unser Klassenzimmer zurück. Nach der Ausgelassenheit und der intensiven Bewegtheit des Spielens konnten wir uns wieder dem stillen Sitzen und Zuhören widmen.

Als ich aber in der 10. Klasse für 10 Wochen an einer deutschen Schule war, taten mir die deutschen Schüler leid, deren «große Pause» mir ziemlich klein vorkam – und die gar keine ausgiebige Spielmöglichkeit nach dem gemeinsamen Mittagessen hatten, da es gar keinen Nachmittagsunterricht gab …

Bei all dem Reden und Schreiben über Bildungspläne, Lernziele und Kompetenzen sollte, die fundamentale Bedeutung des freien Spiels für die Entwicklung eines jeden Menschen nicht außer Acht gelassen werden.

So wünsche ich allen, die jetzt in die Schule gehen, ausgiebige Pausen und uns Erwachsenen hin und wieder diese herrlichen Momente des Lebens, in denen wir «nur» spielend sein dürfen!

Morgen ist ein neuer Tag

Ich fasse es kaum. Es sind schon viele Jahre her, da erschien im November 1991 ein schmales Bändchen von Pascal Quignard: *Tous les matins du monde*, ein Roman, der von einem Gambenspieler und Komponisten des Barock, Monsieur de Sainte-Colombe, handelt. Nach dem Tod seiner Frau zieht er sich vom Leben am glanzvollen Hof Ludwigs XIV. zurück. Er fügt an seinem Instrument eine siebte Saite hinzu, um noch tiefere Töne spielen zu können und seine trauernde Seele lebend hinüber ins Reich der Verstorbenen zu führen. Gleichzeitig mit dem Buch kam der Film von Alain Corneau mit Guillaume und Gérard Depardieu in der Rolle des jungen und des alten Schülers des Monsieur de Sainte-Colombe, Marin Marais, in die Kinos – auf Deutsch unter dem Titel *Die siebente Saite.*

Was es mit dem französischen Titel auf sich hat, wird erst am Ende des Buches deutlich. «Tous les matins du monde sont sans retour» heißt es im vorletzten Kapitel: «Alle Morgen der Welt sind ohne Wiederkehr.»

Der Film machte auch das musikalische Wirken des katalanischen Meisters der Alten Musik und Gambisten, Jordi Savall, schlagartig über den kleinen Zirkel der heutigen Liebhaber der Barockmusik hinaus bekannt. Es ist sicherlich nicht zufällig, dass gerade dieses Buch und dieser Film mit seiner Musik im «alten» Europa entstanden sind. Ebenso wenig zufällig scheint die Einstellung zum Leben zu sein, die Tom Buhrow über viele Jahre ausgestrahlt hat. Allabendlich brachte er sie am Ende der *Tagesthemen* im Ersten zum Ausdruck, nachdem er meist über schwierige und schreckliche Ereignisse hat berichten müssen. In seinen letzten Worten lebte eine Kraft der Zuversicht, die bemerkenswert und ansteckend war: «Das waren die Tagesthemen von heute. Morgen ist ein neuer Tag.»

Wie wir werden, was wir sind

In England geboren und aufgewachsen, freute ich mich darüber, eine französische Mutter und einen chinesischen Vater zu haben – auch wenn er nicht mehr bei uns lebte. In den Ferien fuhren mein jüngerer Bruder und ich zu den Großeltern nach Paris und von dort in die Cevennen. Es waren herrliche Wochen und Monate. Und wenn ich hier oder dort gefragt wurde, wo ich denn herkomme, antwortete der kleine Knirps, der ich war, ich sei halb Franzose, halb Chinese und halb Engländer!

Das Freiheitsgefühl, nicht bloß Franzose oder Chinese oder Engländer zu sein, führte wohl ein wenig zum Größenwahn. – zumindest wirkte das manchmal so auf Menschen, die keinen solchen Hintergrund hatten. So hielt ich mich auf alle Fälle für einen Europäer, mit etwas mehr *on top*.

Nun lebe ich inzwischen seit über vierzig Jahren in Deutschland. Für Franzosen oder Engländer bin ich im Denken und Habitus längst Deutscher geworden. Also: noch mehr Europäer!?

Ja – und nein.

Als ich das Buch *Der europäische Landbote* des österreichischen Schriftsteller Robert Menasse in die Hand nahm und las, musste ich feststellen, dass viele der Vorurteile gegenüber der Europäischen Union und deren Kommission und Beamten, die er schildert und entlarvt, genauso auch in mir leben. Das empfinde ich als äußerst peinlich. Zum Glück besitzt Robert Menasse so viel Sinn für Kunst und Humor, dass ich ihm für diese Offenbarung meiner eigenen ungeprüften Vorurteile dankbar bin. Sie zeigen mir, dass es ein noch weiter Weg ist, das zu werden, was ich eigentlich schon bin.

Lass uns immer schöner werden

«Geliebte, lass uns immer schöner werden», schrieb der gerade achtunddreißig Jahre alt gewordene Dichter Christian Morgenstern am 15. Mai 1909 an Margareta Gosebruch von Liechtenstern, die er ein Jahr später, am 7. März 1910, heiratete. «Noch haben wir viel, viel, viel umzuformen, auszustoßen, zu entwickeln. Noch fangen wir erst an, wenn auch auf gutem Grund», fuhr er im gleichen Brief fort.

Keine sechs Jahre nach ihrer ersten Begegnung in Bad Dreikirchen bei Meran im August 1908 starb Christian Morgenstern am frühen Morgen des 31. März 1914. Am 6. Mai wäre er gerade dreiundvierzig Jahre alt geworden.

Was wird aus all den Wünschen, Hoffnungen und Plänen eines Paares, wenn einer von beiden viel früher als erwartet aus dem Leben auf dieser Erde scheidet? Die angedachten gemeinsamen Reisen können nicht mehr unternommen werden, die besinnlichen Tage des gemeinsamen Alterns sind nicht mehr möglich –

nicht wie gedacht zumindest, und oft genug gar
nicht für das bewusste Leben. Was wird aber
dann aus dem «viel, viel, viel», das «umzuformen, auszustoßen, zu entwickeln» geahnt
wurde? Verschwindet es?

Es war aber doch noch gar nicht. Es wurde nur
gefühlt, geahnt, erwartet. Es war aber oft das
Wirkende und *Wirksame* im Leben. Nicht das,
was ist, ist das eigentlich *Wirkliche*, sondern das,
was werden will. Alle nicht erfüllten Wünsche
und Hoffnungen, alle nicht ausgeführten Pläne,
bleiben Keime des Willens. Es werden Keime
künftiger Lebensgestaltungen. Und überall dort,
wo etwas von diesen Keimen in Erscheinung tritt,
ist es schön!

Immer schon

«Ich war mir immer schon ein anderer», – *je me suis toujours été un autre,* sagte Romain Gary von sich. Der am 8. Mai 1914 in Vilnius, der heutigen Hauptstadt Litauens, geborene Russe jüdischer Herkunft Roman Kacew zog mit seiner alleinerziehenden Mutter Nina Owczinski 1928 nach Nizza. In Frankreich wuchs er also seit dem vierzehnten Lebensjahr auf, studierte später Jura in Aix-en-Provence und Paris, wurde Flieger und Widerstandskämpfer und Mitstreiter Générale de Gaulles und später Diplomat. Nach den Wünschen seiner ihn über alles liebenden Mutter hätte er mindestens ein Yehudi Menuhin, Jascha Heifetz oder Vaslav Nijinsky werden müssen. Aber er zeigte weder für Musik noch für Ballett irgendein Talent.

Dafür fing er früh an, ganze Schulhefte mit Gedichten und Geschichten vollzuschreiben. Das große Problem für Mutter und Sohn jedoch war, dass er keinen passenden Namen für einen berühmten Schriftsteller besaß. In seinem autobiografisch geprägten Roman (*récit*) *La promesse de l'aube* (*Frühes Versprechen*) beschreibt er in köstlich nüchterner, liebevoller Art sein Leben mit der Mutter und die verzweifelten Versuche, ein angemessenes, wohlklingendes Pseudonym zu finden. Größere literarische Werke sind später unter ganzen sechs verschiedenen Pseudonymen erschienen. So kam es auch, dass er als einziger Schriftsteller bisher zweimal den renommiertesten Literaturpreis Frankreichs, den Prix Goncourt, erhielt: 1956 für *Les racines du ciel* als Romain Gary und 1975 für *La vie devant soi* als Émile Ajar!

Dem Protagonisten seines 1977 erschienenen Romans *Clair de femme* (*Die Liebe einer Frau*) Michel Folin, mit dem er sich laut eigenem Zeugnis am stärksten unter allen seinen erschaffenen Figuren identifizierte, legt Romain Gary die Worte in den Mund: «Alles, was ich verloren habe, ist mir ein Grund zum Leben» – *Tout ce que j'ai perdu me donne une raison de vivre.*

Da er am 2. Dezember 1980 in Paris sich das Leben nahm und in einer Mitteilung für die

Presse verlautbaren ließ, er habe sich letztlich vollständig ausgesprochen – *Je me suis enfin exprimé entièrement* –, muss er wohl alles Verlorene wiedergefunden haben.

Wir Lebenden sind vielleicht so glücklich, weil wir noch Suchende sind.

Quatorze-dix-huit

La guerre de quatorze-dix-huit – so hieß bei mir
in der Familie der Erste Weltkrieg. Der Zweite
Weltkrieg hieß aber dafür nicht *la guerre de tren-
te-neuf-quarante-cinq*, sondern wie sonst auch
der Zweite Weltkrieg, *la deuxième guerre mon-
diale*. Diese unterschiedliche Art, auf die «Ur-
Katastrophe» des 20. Jahrhunderts hinzuweisen,
legt nahe, dass für die Franzosen eine andere Per-
spektive vorherrschend war: mehr als der spätere
«zweite» Weltkrieg war der «erste» ihr Krieg, der
Krieg Frankreichs gegen Deutschland, den über-
mächtig drohenden Nachbarn, dem sie bereits im
Krieg 1870 – 1871 unterlegen waren.

Für mich als Kind war der Erste Weltkrieg immer durch meine vielgeliebte Urgroßmutter Ger-
maine Bracquemond präsent. Sie war als junge
Frau von Frankreich nach England gezogen und
arbeitete in einem Delicatessen, einem Feinkostladen in Soho/London mit ihrem Bruder zusammen, später auch mit ihrem Mann Henri. Gleich
zu Beginn, im August 1914, zog ihr Mann in den

Krieg und hinterließ seine schwangere Frau. Ihre Tochter, meine Großmutter, kam Ende Oktober 1914 in London zur Welt und hat ihren Vater nie gekannt – er fiel im ersten Monat des «großen Krieges». Während des Krieges aber wurden die Fenster des Feinkostladens von wütenden Engländern immer wieder mit Steinen beworfen, da sie unter der Bezeichnung «Delicatessen» einen deutschen Feinkostladen vermuteten …

Im Zweiten Weltkrieg lebte und arbeitete meine Urgroßmutter noch immer in London, während ihre Tochter mit bereits drei eigenen Töchtern in der Normandie lebte. Meine Urgroßmutter hatte einen neuen Lebensgefährten gefunden. Bei einem der letzten Luftangriffe der Deutschen auf London fiel auch er. Der Gedanke, dass sie drei Enkelinnen hatte, hielt meine Urgroßmutter am Leben.

Viele Jahre durften mein Bruder und ich in der Obhut dieser von zwei Weltkriegen so betroffenen Frau verbringen. Sie kam auch nach Deutschland zur Hochzeit ihres Urenkels mit einer Deutschen und auch später, um ihre ersten zwei Ururenkel zu besuchen. Dankbar kann man sein, dass ein Einzelner immer auch mehr sein kann als sein Schicksal.

Liebe, Sehnsucht, Tod und Leben
Anstelle eines Nachworts

Ich habe immer wieder aus dem Leben schöpfen können. Diesmal aber muss ich es aus dem Tode. Dass ich es wage, es nicht nur verschleiert auszusprechen, sondern unumwunden, verdanke ich der bemerkenswerten Äußerung von Rolf Bauerdick in dem Lebensmagazin *a tempo* von August 2014: er habe nichts gegen lustvollen Konsum, sehr wohl aber dagegen, dass bei all dem hohlen Materialismus dasjenige verkümmert, was man früher einmal «Seelenleben» nannte. Sogar das Wort «seelenvoll» nimmt er in den Mund, das ich sonst nur noch aus dem Werk Rudolf Steiners kenne.

Seit dem Valentinstag 2014 lag meine Frau nach einem mehrmonatigen Krankenhausaufenthalt wieder zu Hause. Weitere Therapien gegen ihren Krebs wünschte sie sich nicht mehr. Fünf Jahre bereits kämpfte sie gegen die sich vermehrt ausbreitende Krankheit. Nun wartete sie, immer wieder schweren Schmerzen ausgesetzt, auf den Tod. Und er ließ auf sich warten:

es kamen Ostern, Himmelfahrt, Pfingsten – und schließlich am 19. Juni 2014, am Fronleichnamstag, konnte sie, die am 19. August 1956 geboren war, sterben.

In dieser Zeit hatten wir miteinander eine Schilderung Rudolf Steiners vom 16. November 1915 aus dem Band *Schicksalsbildung und Leben nach dem Tode* intensiv aufgenommen:

«Denn sehen Sie, kein Mensch kann sich mit gewöhnlichen physischen Erkenntnismitteln an seine eigene Geburt erinnern. ... Die Geburt liegt vor der Zeit, an die man sich erinnert. ... Der Tod aber – und dadurch unterscheidet er sich von der Geburt in seiner Bedeutung nach dem Tode – steht immer als das größte, bedeutendste, lebendigste, vollkommenste Ereignis vor dem geistigen Auge in der Zeit zwischen dem Tod und einer neuen Geburt. Denn der Tod ist eben das, wovon wir unser Ich-Bewusstsein nach dem Tode haben. Und ebenso wie es uns hier in unserem physischen Leben unmöglich ist, uns an unsere Geburt zu erinnern, ebenso notwendig und selbstverständlich ist es in der ganzen Zeit, die wir in der geistigen Welt verbringen, in dem Leben zwischen Tod und neuer Geburt, dass immer der Moment, wo der Geist sich losringt von dem Leibe, vor unserem geistig-seelischen Blick steht. Dann aus diesem Tode heraus fließt uns eben im Zusammenhang mit dem, was wir hier erlebt haben, die Kraft, die wir brauchen, um uns als Ich zu fühlen. Man möchte sagen: könnten wir nicht sterben, so könnten wir ein geistiges Ich überhaupt nicht erleben.»

In den Bildern ihres Lebens, die sich machtvoll in den ersten Tagen nach dem Tode entfalten, wird meine Susanne erlebt haben, wie beseelend sie für mich und unsere Kinder und in allen ihren Unternehmungen unter Menschen und für die Anthroposophie und Eurythmie gewirkt hat. Für sie wie auch für mich erhalten die Worte Rudolf Steiners aus seinem «Friedenstanz» für die Eurythmie eine erneut gelebte Vertiefung:

Das Leben, es wird heller um mich,
Das Leben, es wird schwerer für mich,
Das Leben, es wird reicher in mir.

Nachklang

Liebe Susanne,

seit einigen Wochen habe ich vor, an dieser Stelle über dich zu schreiben, denn von der allerersten Ausgabe unseres Lebensmagazins *a tempo* im Januar 2000 an bis zum März dieses Jahres hast du Monat für Monat die «kinderseite» geschrieben. Das waren ganz genau 17 x 10 Seiten, die du mit deinen Betrachtungen und Anregungen für die Kinder und ihre Eltern fülltest! Vor allem deine in leichten, fröhlichen Versen verfassten Rätsel haben unzählige Kinder dazu animiert, dir die Lösung einzureichen, oft mit herrlichen Bildern versehen; und jeden Monat hast du allen zwölf bzw. zehn Gewinnerinnen und Gewinnern deines Preisrätsels persönlich geschrieben und gratuliert.

Am heutigen Sonntag – und wie stimmig fühltest du, dass der Tag deiner Geburt, der 19. August 1956, ein Sonntag gewesen ist! – wollte ich alle deine Rätsel nochmals lesen, bevor ich mich ans Schreiben für diese Seite setzte. Doch nun ist es Abend und ich bin erst beim vierten Jahr 2003 angekommen, so sehr musste ich immer wieder innehalten bei der lebendigen Gegenwart deiner Stimme, die in diesen einfachen, aber mit so viel Liebe für das kindliche Gemüt geschriebenen Versen zum Ausdruck kam. Da diese Seite bereits morgen in Druck gehen muss, habe ich die Lektüre abbrechen müssen und sitze nun, den eigenen überquellenden Schreibtisch fliehend, an unserem Lieblingsplatz: auf dem Balkon mit Blick gen Westen ins Grüne, an dem Ort, an dem wir noch viele laue Sommerabende zusammen verbringen wollten ... Ich muss dabei an unser erstes längeres Gespräch am 4. Januar 1979 zurückdenken – wir führten es nach der internationalen Jugendtagung an meiner alten Schule in Kings Langley über die Weihnachtstagung zur Neubegründung der Anthroposophischen Gesellschaft durch Rudolf Steiner im Jahr 1923. Wir trafen uns, da die Fähre euch unwetterbedingt nicht über den Ärmelkanal übersetzen konnte, bei Tuttons in Covent Garden. Es war ein langes Gespräch, das auch lange nachhallte, denn wenige Tage danach, am 7. Januar, schrieb ich folgende Zeilen «Für Susanne Wege» nieder:

I search for words
Sensing we have a poem to perform
In the silence of the soul
In the unspoken dialogue of eyes
Shifting like the early summer breezes
In the trees
Upon the soul's more tender leaves.

My hands go out upon the dark
Still groping, still hoping
To pluck from the nocturnal strings of hearts
A song to voice our destiny.

Verliebt war ich noch nicht. Aber deine stille, zurückhaltende, ja scheue, aber sehr aufmerksame Art, alles um dich herum wahrzunehmen, löste offenbar in mir eine in die Zukunft lauschende Stimmung aus. Erst Ende August 1979,

nach deinem Eurythmie-Abschluss am Goetheanum in Dornach, als ich mit deinem Bruder
Peter und dir bei euch zu Hause in Langen eine
neue internationale Jugendtagung über das
Erleben des Ätherischen in der Kunst im schwe-
dischen Järna vorbereiten wollte, da habe ich
mich in dich verliebt. Das wurde mir zumindest
bewusst, als ich mich von euch trennen musste,
sodass ich auf der sehnsuchtsvollen Rückfahrt
für dich die folgenden Verse schrieb:

Sanft umflossen liegen helle Tage –
Unverkannt die Wege, die sie deuten,
Schimmernd in die Herzen sich ergießend.
An des Himmels blauen Ufer
Neigen sich die Sterne zum Verband,
Nimmt deine Hand die meine ruhig heilend,
Erschließend neues Schicksalsland.

Bei der darauffolgenden Begegnung während
der großen Michaeli-Konferenz Ende September
am Goetheanum habe ich dich mit einer kleinen
Nacherzählung von Shakespeares Komödie

Verlorene Liebesmühe ein wenig überlistet – und wir waren verlobt. In Mannheim, in der Stadt deiner Geburt, auf dem Weg zu deiner Mutter in Langen, haben wir die Eheringe gekauft und sie in einer Telefonzelle getauscht. Und als wir am 5. Juli 1980 in der Christengemeinschaft in Darmstadt heirateten und das Lied «Bist du bei mir» von Bach gesungen wurde, da hast du gleich den Wunsch geäußert, dass es auch zu deiner Beerdigung gesungen werden sollte. – Das hat Peter dankenswerterweise auch für den 27. Juni nach deinem Tod an Fronleichnam organisieren können.

Liebe Susanne, du warst so gerne Mensch unter Menschen, Kind dieser Erde und Mutter unserer fünf Kinder. Noch suche ich die Worte, um das Gedicht weiterzuschreiben, das wir nach wie vor gemeinsam ausführen wollen …

Immer dein Jean-Claude
Sonntag, den 10. August 2014

falter : Wege der Seele – Bilder des Lebens

Verlag Freies Geistesleben
Bücher für den Wandel des Menschen

falter : Wege der Seele – Bilder des Lebens

Verlag Freies Geistesleben
Bücher für den Wandel des Menschen

falter : Wege der Seele – Bilder des Lebens

Verlag Freies Geistesleben
Bücher für den Wandel des Menschen

Verlag Freies Geistesleben
Bücher für den Wandel des Menschen